小生意大智慧

新创企业
管理培训
中心

组织编写

美意

而生

小的

民宿客栈

U0319624

化学工业出版社

·北京·

内容简介

《小而美的生意·民宿客栈》一书系统梳理了开设一家民宿客栈的各个环节，旨在为新创业者提供全面的指导和参考。从经营前的市场分析到经营中的问题解决，再到经营后的策略调整，本书将帮助创业者迅速从入门到精通，轻松打造属于自己的、独具特色的小门店。

本书内容丰富，具体包括区域调查与分析、市场分析与定位、地段考察与确定、房屋设计与装修、开业筹备与宣传、团队组建与管理、成本控制与定价、安全管理与维护、营销策略与推广、顾客服务与管理、品牌建设与推广、风险识别与防范、持续发展与扩张等。

本书内容实用性强，着重突出可操作性，是一本非常实用的开店指导手册和入门工具书；本书文字图表化，降低了阅读难度，提升了阅读效率；本书适合创业者、上班族，以及对开店感兴趣的读者阅读，可以让读者掌握应知应会的开店知识。

图书在版编目（CIP）数据

小而美的生意．民宿客栈 / 新创企业管理培训中心
组织编写． -- 北京：化学工业出版社，2024. 10.
（小生意大智慧）． -- ISBN 978-7-122-46188-9

Ⅰ. F717.5；F719.2

中国国家版本馆 CIP 数据核字第 20242MN560 号

责任编辑：陈　蕾　　　　　　　　装帧设计：溢思视觉设计／程超
　　　　　　　　　　　　　　　　　　　E-mail: isstudio@126.com
责任校对：李雨函

出版发行：化学工业出版社（北京市东城区青年湖南街 13 号　邮政编码 100011）
印　　装：三河市双峰印刷装订有限公司
880mm×1230mm　1/32　印张 6¾　字数 154 千字
2024 年 10 月北京第 1 版第 1 次印刷

购书咨询：010-64518888
售后服务：010-64518899
网　　址：http://www.cip.com.cn
凡购买本书，如有缺损质量问题，本社销售中心负责调换。

定　　价：39.80 元

开家小店，投资小，见效快！

在电子商务蓬勃发展的今天，小而美的生意模式既适合实体店运营，也能轻松拓展至线上平台，成为年轻人投资创业的热门选择。此类项目以其投资少、回报高的特点，备受青睐。

小而美的生意模式，顾名思义，其投资成本相对较低，风险较小，且经营方式灵活多变。这种模式对启动资金要求不高，降低了创业门槛，使更多人有机会参与其中。同时，由于专注于某一细分市场或特定需求，它们的市场风险相对较低。经营者可根据市场变化灵活调整经营策略，保持业务的灵活性。虽然规模较小，但通过精细化的管理和优质的服务，这类小店往往能实现稳定的收益，并在激烈的市场竞争中脱颖而出。

然而，经营小而美的生意并非易事，需要创业者具备敏锐的市场洞察力、创新精神和卓越的管理能力。这些能力并非人人天生具备，但通过学习和实践，每个人都可以逐渐掌握。

为此，我们特别组织了一线从业人员和培训老师，编写了《小而美的生意·民宿客栈》一书，本书系统梳理了开设一家民宿客栈的各个环节，旨在为新创业者提供全面的指导和参考。从经营前的市场分析到经营中的

问题解决，再到经营后的策略调整，本书将帮助创业者迅速从入门到精通，轻松打造属于自己的、独具特色的小门店。

《小而美的生意·民宿客栈》一书内容丰富，具体包括区域调查与分析、市场分析与定位、地段考察与确定、房屋设计与装修、开业筹备与宣传、团队组建与管理、成本控制与定价、安全管理与维护、营销策略与推广、顾客服务与管理、品牌建设与推广、风险识别与防范、持续发展与扩张等。

本书内容实用性强，着重突出可操作性，是一本非常实用的开店指导手册和入门工具书；本书文字图表化，降低了阅读难度，提升了阅读效率；本书适合创业者、上班族，以及对开店感兴趣的读者阅读，可以让读者掌握应知应会的开店知识。

编　者

目录

第1章

区域调查与分析

关键词：
全面分析
科学论证
风险评估

在准备投资民宿客栈前，经营者应对投资区域进行调查，获得全面、准确的市场信息，这样可以帮助经营者降低投资风险、优化投资策略、提高经营效率，并促进可持续发展。

【要点解读】▶▶▶ - - - - - - - - - - - - - - - - -

1 政策环境调查：解读政策，把握方向

政策环境调查是一项复杂而重要的工作。全面了解政策导向、支持措施、监管要求以及政策变动风险等内容，经营者可以作出更明智的投资决策，降低投资风险，提高投资成功率。政策环境调查的主要内容如表1-1所示。

表1-1 政策环境调查的内容

序号	调查内容	具体说明
1	国家及地方政策导向	经营者需要了解国家和地方政府对民宿行业的政策导向，包括民宿行业的定位、发展目标以及未来规划等。这些信息有助于经营者预测民宿行业的发展趋势和市场前景
2	政策支持与优惠措施	经营者需要关注政府对民宿行业的支持政策和优惠措施，包括财政补贴、税收优惠、贷款支持、用地政策等内容。这些政策和措施可以降低经营成本，提高盈利能力
3	监管要求与规范标准	经营者需要了解民宿行业的监管要求和规范标准，包括开业条件、经营许可、安全卫生标准、服务质量要求等内容。这样，经营者可以确保自己的投资项目符合政策要求，从而避免因违规经营而带来的法律风险
4	政策变动风险	经营者需要关注政策变动带来的风险。由于政策要求可能会随着市场变化而调整，因此经营者需要密切关注政策动态，及时调整投资策略和经营计划。经营者可以与政府部门、行业协会等建立联系，获取更及时、更准确的政策信息

2 经济环境调查：洞悉经济，布局未来

在开设民宿客栈之前，经营者有必要进行经济环境调查，旨在全面了解目标市场的经济状况、行业发展趋势以及潜在的市场机会。经济环境调查的主要内容如表1-2所示。

表1-2　经济环境调查的内容

序号	调查内容	具体说明
1	宏观经济状况分析	（1）GDP增长率和经济稳定性：了解目标市场的经济增长率、经济增长周期以及经济稳定性，从而判断该地区的经济形势和未来发展趋势 （2）就业和收入水平：分析目标市场的就业率和居民收入水平，特别是中产阶级和高收入人群的比例，因为这些群体通常是民宿行业的主要消费群体 （3）消费能力和消费习惯：调查当地居民的消费习惯、消费观念以及对旅游和民宿的接受程度，有助于了解民宿行业的市场需求和发展潜力
2	旅游行业发展状况	（1）旅游规模和增速：了解目标市场的旅游业规模和增长速度，可以判断民宿行业的市场潜力和发展趋势 （2）游客数量和结构：分析游客的数量、来源地、消费能力以及旅游目的，有助于经营者了解目标客群的需求和特点 （3）旅游淡旺季分布：了解旅游市场的淡旺季分布，制定合理的经营策略和价格策略
3	消费者消费能力调查	通过调查消费者的收入水平、消费观念以及对民宿客栈的接受程度等信息，经营者可以更好地把握市场需求，为民宿客栈的定位和经营作出合理决策

3 社会环境调查：了解民情，适应需求

社会环境调查主要是对社会文化、人口结构、基础设施以及居民态度等方面的考察。这些因素不仅决定民宿客栈的市场需求和潜在客群，还直接关系客栈的经营策略和未来发展。

社会环境调查的主要内容如表1-3所示。

表1-3 社会环境调查的内容

序号	调查内容	具体说明
1	社会文化	了解当地的历史文化、风土人情以及饮食习惯，并在民宿客栈的设计和服务中融入当地文化元素，可以提升游客体验，形成独特的品牌形象
2	人口结构与流动性	分析当地的人口结构，包括年龄、性别、职业分布，以及人口流动特点等，有助于预测民宿客栈的客群规模和需求特点，为制定市场策略提供依据
3	基础设施	考察当地的基础设施（如医院、学校、商业区等），完善的基础设施是吸引游客的重要因素，也是民宿客栈成功经营的关键
4	居民态度	了解当地居民对民宿客栈的态度和看法，包括对旅游业的支持程度、对民宿客栈的接纳程度等，有助于预测民宿客栈的经营环境和可能面临的挑战
5	治安环境	当地的治安状况关系到游客的人身安全和民宿客栈的声誉，也是经营者必须考虑的因素

通过对以上内容的调查和分析，经营者可以更全面地了解当地的社会环境，为民宿客栈的选址、设计、经营策略制定等提供依据。同时，经营者也可以更好地融入当地社会，与当地居民实现和谐相处。

4 竞争环境调查：分析竞品，精准定位

在开店前对竞争环境进行全面、细致的调查和分析，可以帮助经营者作出明智的决策，确保客栈在激烈的市场竞争中脱颖而出。

竞争环境调查的主要内容如表1-4所示。

表1-4 竞争环境调查的内容

序号	调查内容	具体说明
1	竞争对手	调查当地市场中已有民宿客栈的数量、规模、分布特色以及经营策略、服务质量和顾客评价等，有助于经营者评估自身的优势与劣势
2	市场需求和潜力	调查目标市场的消费需求、消费习惯以及消费能力等信息，了解民宿客栈的市场需求规模、需求特点以及未来发展趋势，有助于经营者确定自己的目标顾客群体，并制定相应的经营策略
3	价格水平和竞争态势	了解民宿客栈的价格水平，分析价格与服务质量、设施条件等因素之间的关系，调查市场格竞争情况，并考虑如何在价格不变的前提下提升服务质量，以吸引更多的消费者
4	消费行为和偏好	调查消费者对民宿客栈的期望和需求，以及他们在选择民宿客栈时的关注点。通过收集消费者的意见和评价，经营者可以更好地把握市场动态，调整经营策略，提升游客的满意度
5	市场进入障碍和退出机制	了解当地政府对民宿行业的政策规定和限制，以及市场进入的资质和条件。同时，知道在经营不善或市场变化时如何退出市场，以降低投资风险

5 地理位置调查：黄金地段，赢得先机

民宿客栈的地理位置至关重要，因为它直接关系客栈的客流量、运营成本和长期发展。

地理位置调查的主要内容如表1-5所示。

表1-5 地理位置调查的内容

序号	调查内容	具体说明
1	地理位置的优越性	评估目标地区是否有旅游景点、商业中心或交通枢纽，因为这些区域通常能吸引大量游客和商务人士，为民宿客栈提供稳定的客源
2	交通的便利性	考察目标地区的交通状况，包括道路网络、公共交通设施以及与周边城市的连接情况。便捷的交通能吸引更多潜在顾客，提高民宿客栈的入住率
3	自然环境与景观	评估目标地区周边的自然环境、山水景观以及空气质量。优美的自然环境能提升游客的居住体验，增加民宿客栈的吸引力
4	人文环境与氛围	了解目标地区的风土人情、文化氛围以及居民生活状态。这些因素能影响游客对居住环境的评价，并为民宿客栈创造独特的品牌形象
5	客源分布与客流量	调查目标地区的客源分布和客流量，包括常住人口、流动人口以及旅游季节的游客数量，可帮助经营者预测民宿客栈的市场规模和客流量
6	土地价格与租金成本	评估目标地区的土地价格和租金水平，确保将投资成本控制在合理范围内
7	竞争状况与市场定位	了解周边地区民宿客栈的数量和分布情况，分析竞争对手的市场定位和服务特色，有助于经营者制定差异化的竞争策略

6 成本效益分析：精打细算，合理投入

成本效益分析包括对投资成本、预期收入以及长期盈利能力的全面评估，有助于经营者明确经营目标，制定合理的经营策略，降低投资风险。

一般来说，成本效益分析主要包含以下三个方面。

6.1 成本分析

成本分析的内容如表1-6所示。

表1-6 成本分析的内容

序号	分析内容	具体说明
1	初始投资成本	包括购置或租赁房产的费用、装修和改造费用、家具和设备的购置费用等。经营者需要根据目标市场的需求和自身的实际情况，合理确定初始投资规模
2	运营成本	包括日常运营所需的水电费、物业管理费、保险费、清洁和维护费用等，此外，员工薪酬和福利也是运营成本的重要组成部分。经营者需要制定详细的预算，确保将运营成本控制在合理范围内
3	市场营销成本	为了吸引游客和提升客栈的知名度，经营者需要投入一定的资金用于市场推广和广告宣传，包括在线旅游平台的推广费用、社交媒体营销费用以及线下活动的组织费用等

6.2 收入分析

收入分析的内容如表1-7所示。

表1-7　收入分析的内容

序号	分析内容	具体说明
1	客房收入	这是民宿客栈的主要收入来源，通常根据房间数量、定价策略以及入住率来计算。经营者需要对目标市场的需求和竞争情况进行深入分析，制定合理的价格策略
2	附加服务收入	除了客房收入外，民宿客栈还可以通过提供餐饮、洗衣、导游等附加服务来增加收入。这些服务不仅可以提升游客体验，还能为民宿客栈创造更多的盈利机会

6.3　效益评估

效益评估的内容如表1-8所示。

表1-8　效益评估的内容

序号	评估内容	具体说明
1	投资回报率	通过比较投资成本和预期收入，计算投资回报率。经营者应确保投资回报率满足自身的盈利要求，并考虑潜在的风险因素
2	盈亏平衡点分析	确定客栈达到盈亏平衡所需的最低入住率或收入水平，有助于经营者评估客栈的盈利能力和抗风险能力
3	长期盈利能力预测	基于市场发展趋势、竞争状况以及客栈自身的经营策略，预测客栈的长期盈利能力。这样有助于经营者制定长期发展规划，确保客栈可持续发展

综上所述，民宿客栈的成本效益分析包括多个方面，根据分析和评估结果，经营者可以作出明智的投资决策，降低投资风险，实现客栈的长期盈利和可持续发展。

案例分享

某投资者计划在某热门旅游城市开设一家中高端民宿客栈，为了充分了解投资区域的环境，他进行了一系列详细的调查和分析。

首先，该投资者查阅了国家和地方政府关于民宿行业的政策文件和相关报道。通过研究发现，该城市政府近年来大力推广旅游业，将民宿作为重点扶持对象，出台了一系列优惠政策和措施，包括提供财政补贴、减免税收、优化用地等。这为投资者提供了良好的政策基础。

其次，该投资者对该城市的旅游市场进行了深入分析。通过收集和整理相关数据发现，该城市近年来旅游业蓬勃发展，游客数量持续增长，且中高端民宿市场需求旺盛。同时，该城市还拥有丰富的自然和文化资源，吸引了大量游客前来观光旅游。这为投资者提供了广阔的市场空间。

然后，该投资者还对该城市已有的民宿客栈进行了实地考察和对比分析。通过观察和了解竞争对手的设施条件、服务质量、价格水平等方面，投资者发现市场上存在一些同质化竞争和价格竞争等情况，但同时也有一些差异化经营和特色服务的成功案例。这为投资者提供了宝贵的经验，有助于制定更加精准的经营策略。

最后，该投资者还注重投资项目的成本效益分析。通过估算建设成本、运营成本以及预期收入等关键指标，他发现民宿客栈具有较高的投资价值和投资回报率。同时，该投资者还综合考虑了地理位置、交通便利性、周边设施等因素，选择了条件优越和前景良好的地点进行投资。

案例点评：

全面的政策环境调查、市场分析、竞争对手评估以及成本效益分析，为投资者制定有效的投资策略和经营计划提供了有力支持，也为民宿客栈的成功经营奠定了坚实基础。

第 2 章

市场分析与定位

关键词:
细分市场
顾客画像
精准定位

市场分析是一个全面而细致的过程,经营者应对目标市场、竞争对手、消费者需求等方面进行深入了解和分析,从而为民宿客栈的运营制定更精准的营销策略,提升民宿客栈的竞争力和市场占有率。

【要点解读】▶▶▶ -

1 目标市场分析: 锁定目标, 精准营销

市场分析的核心在于对目标市场的深入剖析。通过深入了解目标市场的各个方面,可以为民宿客栈的经营策略制定提供有力的支持。

1.1 目标市场细分

根据游客出行的目的,可以将目标市场细分为多个子市场,如家庭出游、年轻人背包游、商务人士出差等。每个子市场都有独特

的需求和特点，具体如表2-1所示。

表2-1　不同子市场的需求和特点

序号	子市场类型	需求与特点
1	家庭出游	这个市场的主体主要是带孩子的家庭。他们喜欢温馨、舒适且带有家庭氛围的民宿客栈，儿童游乐设施以及亲子活动等项目将非常受欢迎
2	年轻人背包游	年轻人喜欢自由、个性和有创意的旅行方式。他们更愿意选择设计独特、交通便利且价格合理的民宿客栈。丰富的社交活动、独特的装修风格以及齐全的网络设施等，将有助于吸引这部分游客
3	商务人士出差	商务人士通常注重住宿的便利性、舒适性和安全性。他们可能更偏向于选择位于市中心、提供商务设施（如会议室、打印机等）以及高效服务的民宿客栈
4	休闲度假游	这部分游客希望在民宿客栈中享受宁静、舒适的度假时光。他们可能更倾向环境幽雅、设施完善且服务周到的民宿客栈。户外休闲设施、SPA服务以及丰富的娱乐活动，是这部分游客喜欢的项目
5	文化体验	一些游客希望在旅行中深入了解当地的文化和历史。他们可能更倾向于具有当地特色、能够提供文化体验活动的民宿客栈。例如，可以组织游客参观当地的手工艺品制作、传统音乐表演活动等

1.2　市场规模与增长潜力分析

分析每个子市场的规模，包括潜在顾客的数量和购买能力。同时，预测市场的增长力及发展趋势，有助于经营者明确民宿客栈的市场定位和发展方向。

1.3　市场发展趋势与变化

目标市场的发展趋势和变化，包括旅游行业的发展、消费行为的变化以及政策调整等，可能会对民宿客栈的经营产生影响，经营者需要密切关注，并及时对经营决策作出相应的调整。

> **生意经**
>
> 随着市场的不断发展和消费者需求的变化，经营者需要不断调整和优化市场细分策略，以保持民宿客栈的竞争优势，并更好地满足游客的需求。

2　消费需求分析：洞悉需求，符合预期

经营者应深入了解目标市场的消费需求。通过市场调研和数据分析，可以了解消费者的出行偏好支付能力、住宿需求以及对于服务质量的期望，为民宿客栈的设计、服务和定价提供依据。

一般来说，消费需求分析主要包括图2-1所示的内容。

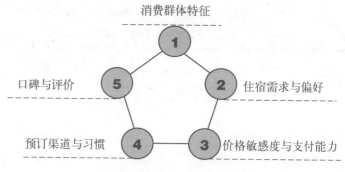

图2-1　消费需求分析的内容

2.1 消费群体特征

经营者应明确目标消费群体的特征，包括年龄、性别、职业、收入水平等方面信息。

只有了解消费群体的特征，才能更好地把握他们的需求和期望。

2.2 住宿需求与偏好

消费者在选择民宿客栈时，通常会关注以下几个方面内容。

（1）地理位置。消费者希望民宿客栈位于交通便利、环境优美的地段，便于出行和游玩。

（2）设施与服务。消费者关注民宿客栈的设施是否齐全、舒适，服务是否周到、细致。床铺舒适度、卫浴设施、无线网络、早餐服务等都是消费者关注的重点。

（3）风格与特色。消费者越来越注重个性化体验，因此民宿客栈的风格与特色成为吸引消费者的重要因素。独特的设计、装修风格以及文化氛围能够让消费者获得与众不同的住宿体验。

2.3 价格敏感度与支付能力

价格也是消费者选择民宿客栈时重点考虑的因素之一。不同的消费群体对价格的敏感度不同，支付能力也有所差异。因此，经营者需要了解目标消费者对价格的接受程度，制定合理的价格策略。同时，提供不同档次和类型的服务，以满足不同消费者的需求。

2.4 预订渠道与习惯

了解消费者的预订渠道和习惯有助于经营者制定有效的营销策

略。消费者可以通过在线旅游平台、社交媒体、民宿预订网站等多种渠道进行预订，民宿客栈的经营者需要分析这些渠道的流量和转化率，优化预订流程，提升用户体验。

2.5 口碑与评价

口碑和评价对于民宿客栈的经营至关重要。消费者在选择民宿客栈时，往往会参考其他用户的评价和推荐。因此，经营者需要关注消费者对民宿客栈的评价和意见，及时改进产品和服务，提升顾客满意度。

生意经

在制定市场策略、优化产品与服务、提升顾客满意度等方面，民宿客栈的经营者需要充分考虑消费者的需求和期望，满足他们的个性化需求，赢得他们的信任和好评。

3 竞争对手分析：知己知彼，百战不殆

分析目标市场竞争对手的情况，包括竞争对手的民宿客栈类型、价格、服务质量、市场份额等，了解竞争对手的优势和劣势，可以帮助经营者更加精准地进行市场定位和制定竞争策略。

3.1 竞争对手类型识别

经营者的竞争对手包括传统酒店、其他民宿客栈以及度假村等。这些竞争对手各有特色，经营者需要针对不同类型的竞争对手制定不同的应对策略。

3.2　竞争对手优势与劣势分析

（1）传统酒店。传统酒店通常拥有完善的硬件设施和服务品质，能够满足消费者的基本需求。然而，它们可能无法像民宿客栈那样能提供独特的住宿体验和个性化服务。此外，传统酒店的价格通常较高，可能不适合所有消费群体。

（2）其他民宿客栈。其他民宿客栈可能与经营者的目标市场定位相似，拥有独特的装修风格、地理位置或服务质量。因此，经营者需要关注这些竞争对手的市场表现，以便及时调整自己的策略。

（3）度假村。度假村通常提供全方位的休闲度假体验，包括丰富的娱乐设施和活动。然而，度假村的价格通常较高，不适合短途旅行或预算有限的消费者。

3.3　竞争对手市场策略分析

了解竞争对手的市场策略，有助于经营者制定更加有效的竞争策略。经营者需要关注竞争对手的定价策略、宣传手段、顾客服务等方面，以便从中吸取经验，找到差异化竞争策略的切入点。

3.4　制定竞争策略

分析了竞争对手的优势、劣势和市场策略后，经营者就可以制定自己的竞争策略。

比如，经营者可以通过独特的住宿体验、个性化的服务、合理的价格以及有效的宣传手段来吸引消费者。

同时，经营者还需要关注市场动态和消费者需求的变化，不断调整和优化自己的竞争策略。

4 目标客群定位：细分客群，精准服务

目标顾客定位是对市场进行细分，并在细分市场里精确地找到自己的顾客，了解客户的特征、消费习惯等。

4.1 描摹顾客画像

顾客画像是对顾客的一个系统性概括，如图2-2所示。

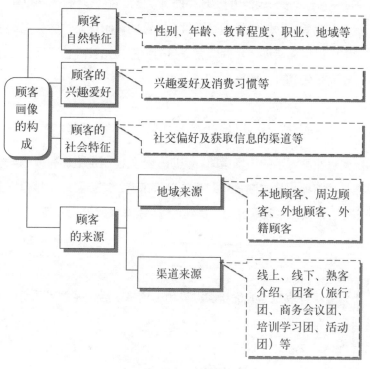

图2-2 顾客画像的构成

比如，由一些具有历史文化的老建筑改建修缮而成的民宿客栈，它的顾客画像如下。

（1）年龄：35岁以上，受教育程度较高，有一定消费能力。

（2）性别：男性顾客居多。

（3）爱好：对历史文化及当地风土人情比较喜爱。

（4）入住时间：2~3天左右。

只有定位了目标顾客群后，才能更好地对民宿客栈的房型、价格、营销策略、渠道等进行梳理，为顾客提供有针对性的服务。

4.2 目标顾客群细分

民宿客栈的顾客可以粗略分为假期旅游度假人群和周末休闲人群两大类。

比如，大理、丽江等地的游客一般是旅游度假人群。而莫干山、杭州的游客一般是来自长三角地区的周末休闲人群。

在旅游度假人群中，又可以细分好多类，如图2-3所示。

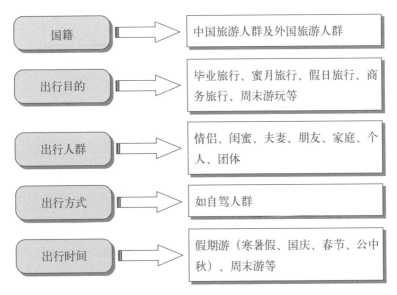

图2-3　假期旅游度假人群细分

4.3 目标顾客需求匹配分析

民宿客栈在设计、经营上有浓烈的主人特征。比如，客栈的经营者是一位60后，那么他的店会有很强的年代印记。如果客栈的经营者是一个文物迷，那么他会把收藏的文物放在店内。

但并不是所有客户都会接受经营者所表现出来的客栈形态及特征。如果二者不匹配，客户不认同民宿客栈，民宿客栈不认同客户，就会造成经营失误。因此，经营者需要经营者做好顾客需求匹配分析，如图2-4所示。

图2-4 需求匹配

4.4 关联性需求延伸

对目标顾客群精准细分后，经营者可以挖掘出顾客的更多价值。任何然后以目标顾客为核心，围绕目标顾客的行为爱好、消费习惯、消费需求，展开多元化的服务延伸。

比如，茶文化主题客栈对用户需求进行多维度拓展，开展了茶会、茶文化培训、制茶体验等活动。

5 房型定位：合理规划，提升体验

精准的房型定位不仅能吸引目标顾客，提升顾客满意度，还能提高民宿客栈的盈利能力和市场竞争力。

一般来说，房型定位应考虑图2-5所示的因素。

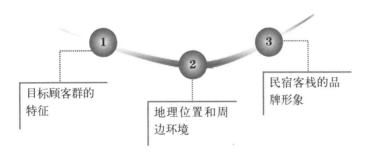

目标顾客群的特征

地理位置和周边环境

民宿客栈的品牌形象

图2-5　房型定位应考虑的因素

5.1　目标顾客群的特征

深入了解潜在顾客的需求、喜好和消费习惯，可以明确目标顾客群的特征。

比如，目标顾客是家庭出游者，那么客栈应以家庭房为主，提供舒适的住宿环境和丰富的儿童游乐设施；目标顾客是年轻的背包客，那么客栈可以设置更多的单人房或双人房，并注重个性化设计。

5.2　地理位置和周边环境

地理位置和周边环境对房型定位也有一定的影响。

比如，民宿客栈位于景区附近，那么可以考虑设置更多的景观房，让顾客能够欣赏到美丽的自然风景；民宿客栈位于城市中心或

商业区，那么可以提供更多的商务房型，以满足商务人士的需求。

5.3 民宿客栈的品牌形象

也可以结合民宿客栈的品牌形象进行房型设计。

比如，民宿客栈主打乡村风，那么可以设计一些具有乡村特色的房型，如农舍房、木屋等；民宿客栈注重环保，那么可以使用环保材料进行装修，并设置一些环保主题的房型。

> **生意经**
>
> 无论选择哪种房型，都应确保房间宽敞、明亮、通风良好、设施齐全。此外，还应注重房间的私密性和安全性，为顾客提供安心的住宿环境。

6 价格定位：合理定价，吸引客流

合理的价格定位不仅能提高客栈的营业额，还能帮助客栈获得更大的市场份额。

6.1 确定价格区间

应根据民宿客栈的地理位置、设施条件、服务水平等因素，设定一个具有竞争力的价格区间。

例如，民宿客栈位于热门景区或交通便利的地段，且设施齐全、服务优质，那么价格可以适当偏高一些。反之，民宿客栈位于较为偏远的地段或设施条件一般，价格则应相对低一些。

6.2 季节因素对价格的影响

在旅游旺季或节假日期间，由于需求增加，民宿客栈的价格可以适当提高。而在淡季，为了吸引顾客，在价格上可以给予一定的优惠或折扣。

6.3 考虑顾客的心理预期和接受度

过高的价格可能会让顾客望而却步，而过低的价格又会让顾客对客栈的品质产生怀疑。因此，要充分考虑顾客的心理预期和接受度，确保价格既具有竞争力又能实现客栈的经营目标。

生意经

民宿客栈的价格定位需要综合考虑多个因素，经营者应根据目标顾客的支付能力、市场竞争情况以及成本效益分析结果，制定合理的价格策略。

7 营销策略定位：策略先行，制胜市场

经营者应根据目标顾客群的特征，实施有针对性的营销策略。

7.1 顾客在哪

顾客在哪营销就在哪。如果顾客集中在马蜂窝这一类的旅游攻略网站，那么就去那里做内容营销。如果顾客喜欢动漫，那么就去哔哩哔哩视频网站营销。

7.2 顾客喜欢什么

经营者应了解顾客特征，选择和顾客特征相匹配的营销策略。

案例分享

江南水乡以独特的自然景观和悠久的历史文化吸引了大量的游客。近年来，随着旅游业的发展和消费升级，游客对民宿的需求日益增长。××团队看到了这一市场机遇，决定在江南某古镇开设一家民宿客栈。对此，进行了如下市场分析与定位。

1.市场分析

（1）市场规模与增长趋势。经过调查，该团队发现江南地区的民宿市场正处于快速增长阶段。随着游客个性化住宿需求的增加，民宿市场呈现出蓬勃发展的态势。预计未来几年，民宿市场的规模将继续扩大。

（2）竞争状况。江南地区的民宿市场竞争激烈，尤其是古镇景区周边的客栈。竞争对手包括传统客栈、连锁酒店以及新兴的精品民宿，在装修风格、服务特色、价格定位等方面各不相同，形成了多元化的竞争格局。

（3）消费需求与偏好。通过问卷调查和访谈，该团队了解到，游客在选择民宿时，最关心的是民宿的地理位置、装修风格、设施配备和服务质量。此外，游客还期望客栈能够提供个性化的体验。

2.市场定位

基于市场分析的结果，××团队进行了市场定位。

（1）目标顾客群体：以中高端游客尤其是年轻情侣、家庭以及文化爱好者为主。这些游客注重旅游品质，追求独特的住宿体验和文化氛围。

（2）服务特色与差异化

① 装修风格：根据江南水乡的特点，采用古典与现代相结合的设计风格，营造温馨、舒适的住宿环境。

② 设施配备：提供高品质的床品、卫浴用品以及智能化的家居设施，提升游客的居住体验。

③ 服务内容：提供当地文化体验以及特色美食推荐等服务，满足游客的个性化需求。

（3）定价策略

考虑目标顾客群体的支付能力和市场需求，该团队采取了中高端定价策略，既保证了收益，也体现了客栈的品质和服务水平。

（4）营销渠道与推广策略

① 线上平台：与线上旅游平台合作，扩大客栈的曝光度和预订量。

② 社交媒体：通过微信、微博等社交媒体平台发布民宿资讯、活动信息以及游客评价等内容，吸引潜在顾客的关注。

③ 口碑营销：注重游客体验和服务质量，鼓励游客在各大平台上分享自己的住宿体验和评价，提高客栈的口碑和知名度。

案例点评：

通过市场分析与定位，××团队为开设民宿客栈打下了坚实基础。开业后，该客栈凭借独特的市场定位和优质的服务吸引了大量目标顾客群体，获得了良好的经营业绩和口碑。

第 3 章

地段考察与确定

民宿客栈的选址是后期建设和运营的基础，选址一经确定，运营方向就明确了。可以说，好的地址是客栈成功经营的保障。选址不理想，后期其他工作做得再好也于事无补。

【要点解读】▶▶▶ - - - - - - - - - - - - - - - - - - -

1　民宿选址秘籍：深思熟虑，选址有道

经营者应综合考虑多种因素，最大化地满足游客的需求，提升客栈的竞争力，确保客栈取得良好的经营效益，如图3-1所示。

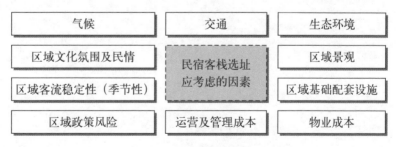

图3-1　民宿客栈选址应考虑的因素

1.1　气候

对于度假的地点，游客首先考虑的是气候条件。常年温度宜人、光照及降水适度、不会出现极端天气的地方，都是游客的首选。

比如，中国北方大部分区域，属于季风性气候，夏天炎热，冬天寒冷；青藏高原地区，自然条件较为恶劣，都难以形成全国性大规模客栈集群。

1.2　交通通达性

游客出行，交通的便利性也是重要的考虑因素。中国交通网络布局的完善，特别是高铁和机场的建设，大大方便了游客出行。

1.3　生态环境

民宿客栈的游客大多来自于城市，他们希望体验另一种生活；因此客栈所在地区的生态环境是游客非常在意的，游客更喜欢空气清新、水体干净、无过多违和建筑的原生态环境。

生意经

说到生态，主要是卫生问题，无论是优雅独特的城市民宿，还是安逸舒适的乡村民宿，或是景色宜人的景区民宿，环境卫生都是重中之重。

1.4　区域景观

民宿客栈的顾客，很大一部分是旅行度假的游客。因此，所在地区的景观就显得尤为重要。景观的独特性意味着较大的客流量。如果客栈所在地有一个5A级景区，或者有一个世遗景点，那么客流量就比普通区域大很多。

1.5　区域基础配套设施

民宿客栈体量较小，在布局上比较灵活，但作为经营主体所需的水、电、排污与消防设施等都应具备。客栈所在地区的基础配套设施不全面，就会导致客栈整体的运营成本偏高。

1.6　物业成本

物业成本是民宿客栈一项重要的固定成本支出。在投资民宿客栈前，经营者要做好充分的考察。

1.7　运营及成本管理

民宿客栈建成后，其运营的便捷性、招聘员工的难易程度、当地人工成本及物价水平，以及日常的变动成本均为不可或缺的考量因素。

1.8　区域政策风险

区域政策风险是民宿客栈经营最不可控的因素，诸多政策法规不明晰、各地政府对这一行业的态度各异、办理所需证件的难易程度，以及政策性的利好或利空，都有可能对投资项目产生颠覆性的影响。

1.9　区域客流稳定性（季节性）

民宿客栈，这种精致小巧的住宿模式，以其灵活的运营方式赢得了市场的青睐。然而，也因其规模较小，有时难免面临较大的挑战。特别是在高端民宿客栈中，配套服务人员的增多与季节性客流的波动，往往对收益构成不小的冲击。因此，一个区域若要成功打造民宿客栈的集群效应，稳定的客流无疑是不可或缺的重要前提。

1.10　区域文化氛围及民情

民宿客栈不仅具有投资潜力，更承载着深厚的文化意蕴。它们之所以吸引人，源于人们对某种生活理想的追求，人们希望通过经营或入住民宿来实现这一梦想。因此，一个地区的文化氛围至关重要。同样，当地的民情亦是一个不可忽视的因素。它关乎人们是否能在此地享受愉悦的居住体验，以及旅行中是否感到轻松自在。这种无形的力量，对于民宿客栈的经营者和消费者而言，都是重要的考量因素。

2　休闲民宿选址：寻幽探胜，静享自然

休闲是指在非劳动及非工作之余，以各种"玩"的方式使人们达到身心的调节与放松。对于具有休闲特色的民宿客栈而言，在选址上应注意图3-2所示的几点。

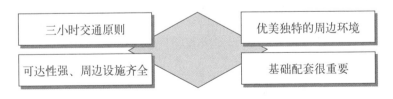

图3-2　休闲民宿客栈的选址要求

2.1　三小时交通原则

既承载着对美好生活的追求，也期待着盈利。既然追求盈利，那么吸引具备消费实力和意愿的游客便成了关键。为了达成这一目标，经营者必须精确地找到这些潜在游客所在的位置，要以这些主要客群为中心，选择距离他们1~3小时车程、交通便利且环境宜人的地方作为民宿的落脚之处。

为什么是1 ~ 3小时呢？

民宿客栈的选址，距离是门艺术。太近则新鲜感缺失，不足一小时的车程可能让游客觉得不过瘾；太远则让人心生疲惫，超过三小时的车程往往让自驾游客望而却步。这里所指的"三小时"仅作为参考，实际上，抵达的方式灵活多样。除了自驾，高铁、飞机已成为游客钟爱的选择，快速而舒适的出行方式，让旅程更加愉悦。

2.2　可达性强、周边设施齐全

对于休闲民宿客栈来说，如果公共交通不是很便捷，那么自驾的可到达性一定要强。

如果民宿客栈选在山上，但是却没有路能直接上去，这样修路成本就会大大增加，然而修路成本增加也会影响民宿客栈日后的定价、运营等一系列活动，所以经营者必须慎重选址。

如果民宿客栈较小，那么周边配套设施就显得非常重要。如果民宿客栈的面积较大，那么可自行配置娱乐项目。

2.3　优美独特的周边环境

那些选择休闲民宿客栈的游客，往往是在城市辛勤工作的白领。

一周的忙碌之后，他们渴望逃离都市的喧嚣，前往山上或郊区，投身于自然的怀抱，尽情享受几天的放空与休闲。因此，民宿客栈周边迷人的风景，无疑成了客栈选址时不可忽视的因素。

比如，民宿大乐之野莫干山店于碧坞村之中。在调研选址之初，尽管村民们热心地推荐村口醒目的位置，但大乐之野却执意寻觅一片静谧、隐逸之所，就像桃花源一样，曲径通幽，环境优美。之所以选择碧坞村，是因为它在道路的尽头，从城墙进来后，会感觉与众不同。置身于莫干山，就会感受到与繁华的大都市截然不同；踏入碧坞村，仿佛每一处都蕴藏着独特的韵味。

2.4 基础配套很重要

在民宿客栈的选址过程中，基础配套设施的考量至关重要。若客栈选在较偏远的地带，那么铺设水电管线、排污系统以及消防设施等将增加客栈的运营成本。若所选区域的基础配套设施尚不完善，将会对客栈的顺利运营造成极大困扰。

经营者在选址前期务必详尽了解所在区域的基础配套设施是否齐全。若没有与市政系统相连通，则地下工程所需的投入可能会远超过房屋改造的费用。因此，经营者需综合权衡自然景观的吸引力、交通的便捷性以及选址的成本等因素，作出明智的决策。

3 城市民宿选址：繁华深处，寻觅安宁

城市民宿客栈的目标顾客大致分为两类，第一类是以旅游为主的游客，他们旅行的目的是，探究当地的文化，感受当地的风土人情。对住宿的要求，力求本土化，因而选择民宿客栈，作为体验当

地生活的一种方式。第二类是以目的为导向的顾客，他们来到这个城市，或看病求学，或商旅出差。选择民宿客栈，旨在追求生活本身的便捷性。

因此，投资城市民宿客栈，经营者在选址时需注意图3-3所示的几点。

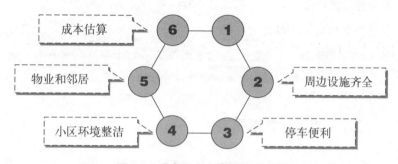

图3-3　城市民宿客栈的选址要点

3.1　交通便利

对于以旅游为目的的顾客，民宿客栈往往是他们到达该城市的落脚点。因此，城市民宿客栈的选址首先需要考虑的是交通状况，比如，从机场、火车站或者汽车站到民宿客栈是否有直达车辆；出租车的车费是否在顾客可以承受的范围之内等

对于以目的为导向的顾客而言，不论是看病、求学，还是商旅出差，距离是首先考虑的因素。公交或是地铁两三站内直达，是顾客能承受的最佳范围。

3.2　周边设施齐全

周边便利设施是否完备同样影响着客栈的运营，其中饭店、银行、超市、医院、商场和停车场等是不可或缺的要素。如果顾客入住某家民宿客栈，发现用餐需步行很远，周边缺乏超市，这样不仅会让顾客的住宿体验大打折扣，还可能导致顾客离店后给予不良的评价。因此，确保周边便利设施齐全，无疑是民宿客栈选址中不可忽视的一环。

3.3　停车便利

在当今自驾游盛行的时代，民宿客栈周围停车是否方便成为顾客关注的重点。在选址过程中，经营者应了解客栈所在小区是否允许外来车辆停车，因为有些小区虽然设有停车场，但对外来车辆设限。而且，停车场距离小区不宜过远，以免顾客携带行李行走时感到疲惫，进而影响民宿客栈的整体形象。当然，若经营者能提供接送服务，那么停车场的距离可适当放宽。

3.4　小区环境整洁

小区的环境质量是民宿客栈选址过程中不可忽视的一环，包括小区新旧程度、安全性、公共环境以及周边环境。新小区往往因现代的建筑风格和完备的设施而更受顾客青睐。电梯的配备、房间内水电网络等基础设施的完善等，不仅为经营者装修改造提供了条件，而且也为顾客带来了更加舒适的入住体验。

此外，小区的安全性同样重要，配备保安和完备的安保措施是顾客安心入住的关键。同时，小区公共区域的绿化程度、健身设施和儿童娱乐设施等，也体现了小区居民的生活质量，是顾客评估客栈的重要因素。

不要选择新建且尚未彻底完工的小区作为民宿客栈的地点，否则您可能会持续受到装修噪声和异味的干扰。这样的环境势必让顾客避之不及，没有人愿意在这样的客栈中逗留。

3.5　物业与邻居

物业主要看两方面，即管理是否到位、是否严格。如果小区物业三天两头停水停电，那么民宿客栈是无法经营的。也有一些物业不让在小区内从事一切经营活动，对于陌生的来客要进行严格审查，这样的小区也是无法经营客栈的。

即使物业过关，小区的邻里关系也非常重要。如果小区的邻里关系不是很融洽，那么顾客在客栈就不会得到很好的住宿体验。

3.6　成本估算

成本估算主要包括房租、运营成本以及管理成本的估算。

首先，经营者在选址时，必须基于周边同类产品的市场售价来评估房租的合理性。同时，还要关注小区内同类竞争者的数量，竞争者众多往往会有房租不断上涨的压力。房租的稳定性对于客栈的长期经营及未来扩建至关重要。其次，城市民宿客栈多选择居民住宅作为经营场所，运营和管理成本也成为经营者必须考虑的因素。在同一小区管理多套房源，相较于在不同小区管理多套房源，要更高效。因此，经营者在选址时，应权衡同小区内可出租房源的数量。成熟稳定小区的房源相对有限，会使规模化经营受到一定影响。

生意经

经营城市民宿客栈时，需明确房产的性质是商业楼还是住宅楼。通常，商业楼的水电费用会高于住宅楼。特别是在南方地区，四季都需要开启空调，电费成为一项显著的成本。因此，经营者在规划客栈时，必须充分考虑水电费用的支出。

案例分享

随着城市化建设的加速，人们对休闲度假的需求日益增长，民宿行业逐渐兴起。李先生是一位热爱旅游和民宿文化的创业者，他计划开设一家具有独特风格和舒适体验的民宿客栈。经过市场调研和定位分析，李先生决定将目标顾客定位为中高端休闲度假客群，主打宁静自然和人文体验，其选址过程如下。

1.市场调研与初步筛选

李先生首先进行了详尽的市场调研，深入挖掘目标顾客的期望与偏好。他发现，现代游客越来越倾向于追求那份远离城市喧嚣、亲近自然的度假体验。因此，李先生将客栈地址投向了那些景色宜人、交通便利的郊区与乡村。

2.实地考察与评估

接下来，李先生带领团队对初步筛选出的地点进行了实地考察。他们重点关注了所在地的自然景观、人文资源、交通状况以及周边设施等方面。经过多次考察和比较，他们最终选定了山脚下的一处幽静山谷作为民宿的地址。

3.分析选址优势

（1）自然景观优美。山谷四周环山，绿树成荫，溪水潺潺，景色宜人。游客可以在这里享受大自然的美妙与宁静。

（2）人文资源丰富。山谷附近有一个历史悠久的古村落，保存完好的古建筑和淳朴的民风为民宿增添了独特的人文魅力。

（3）交通便利。虽然地处乡村，但该地段距离城市仅一小时车程，且周边有公共交通线路覆盖，方便游客前来。

（4）周边设施完善。山谷附近已有一些成熟的农家乐和休闲度假设施，可以为民宿提供必要的配套服务。

4.综合评估与决策

综合考虑了以上因素后，李先生认为该山谷地段完全符合他的定位和需求。于是，他决定在此地建设静谧山居民宿。

案例点评：

经过精心设计和建设，静谧山居民宿顺利开业。凭借优美的自然环境、独特的人文氛围和舒适的服务体验，该民宿很快吸引了大量中高端休闲度假游客。游客们纷纷表示，在这里能够远离城市的喧嚣，享受宁静的自然风光，是一次难忘的旅行体验。

通过这个案例，我们可以看到，民宿客栈的选址需要综合考虑多个因素，包括自然景观、人文资源、交通状况、周边设施以及市场需求等。因此，选址得当，能为客栈的成功经营奠定坚实的基础。

第 4 章

房屋设计
与装修

民宿客栈的房屋设计与装修是一项综合性的工作，经营者需要充分考虑主题风格、空间规划、材质色彩、家具装饰、照明设计以及绿色环保等多个方面，打造出既美观又实用的民宿客栈，为游客提供舒适、温馨的住宿体验。

【要点解读】▸▸▸ ────────────────

1 设计原则：独具匠心，打造精品

民宿客栈的房屋设计主要围绕着独特而舒适的住宿体验，同时兼顾实用性、美观性以及与当地文化的融合性。遵循图4-1所示的这些原则，经营者可以打造出既美观又实用的民宿客栈，为游客提供难忘的住宿体验。

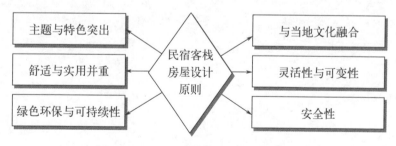

图4-1 民宿客栈房屋设计原则

1.1　主题与特色突出

房屋设计应体现民宿的主题和特色，无论是乡村风格、海滨度假还是艺术文化主题，都应通过装修元素、色彩和饰品等表达出来，形成独特的风格，给游客留下深刻的印象。

1.2　舒适与实用并重

房屋设计应充分考虑舒适性，包括房间布局、家具选择、照明设计等，都应以舒适为目标。同时，实用性也是不可忽视的，比如存储空间、设施设备的配置等，都应满足游客的日常生活需求。

1.3　绿色环保与可持续性

在设计过程中，应尽可能使用环保材料，并采用节能设备，以减少对环境的污染。同时，还应充分利用阳光和自然风，让室内空间充满清新的空气。这既符合现代社会的绿色发展理念，也能为游客提供一个健康、自然的住宿环境。

1.4　与当地文化融合

民宿客栈作为展示当地特色文化的窗口，在设计时应充分融入当地的文化元素，可以通过建筑风格、室内装饰、家具选择等来实现，让游客在入住的过程中能够深入体验当地的风土人情。

1.5　灵活性与可变性

考虑不同游客的需求和喜好，客栈设计应具有一定的灵活性和

可变性。例如，可以提供不同风格的房间供游客选择，或者在公共区域设置多功能空间，以满足各种活动和聚会的需求。

1.6　安全性

在设计过程中，必须考虑民宿的安全性，包括使用防火、防滑等安全材料，设置合理的紧急出口，配备齐全的消防设施，以确保房间的私密性和安全性。

 相关链接 ···

民宿客栈环保装修秘诀

首先，在选择装修材料时，应优先考虑环保材料。这些材料通常具有低甲醛、低挥发性等特性，可以减少对室内空气的污染。例如，用水性涂料替代传统的油性涂料，使用环保型地板材料等。

其次，节能和降耗也是环保装修的关键。客栈可以选用高效节能的照明设备、电器和空调系统等来降低能源消耗。同时，合理利用自然光和自然风，减少人工照明和机械通风的时间，也有助于降低能耗。

再次，民宿客栈的装修也可以融入环保理念。例如，可以通过巧妙的布局和分区，提高空间的利用率，减少不必要的装修。同时，利用可再生资源和绿色植物进行室内装饰，不仅可以提升室内的美观度，还有助于改善室内的空气质量。

然后，在施工过程中，也应采取环保措施。例如，合理安排施工时间，减少噪声和粉尘对周边环境的影响；将施工废弃物进行分类回收和再利用；采用低污染的施工工艺和材料等，降低装修过程中的污染。

最后，民宿客栈在日常运营中也应注重环保。例如，定期维护和更新设备，确保其高效运行，并减少能耗；加强垃圾分类和回收，减少垃圾对环境的影响；推广环保理念，引导顾客共同参与环保行动等。

综上所述，民宿客栈环保装修是一项综合性工作，需要从材料选择、节能设计、施工过程和日常运营等多个方面入手。通过实施环保措施，不仅可以提升客栈的品质和形象，还可以为环境保护、客栈可持续发展作出贡献。

2 主题与风格：独特风格，吸引眼球

民宿客栈的房屋设计、主题与风格的定位，共同决定了客栈的整体特色，是吸引游客的核心要素。

2.1 主题的选择

主题是民宿客栈设计的灵魂，体现了客栈的核心价值。主题的选择应该与客栈所处地区的文化、自然环境等因素紧密相关，以引发游客的共鸣，与顾客建立情感连接。

比如，民宿位于海滨地区，可以以海洋为主题，通过蓝色调、海洋生物装饰等元素，营造出清新、浪漫的氛围。民宿位于山区，可以以自然为主题，利用石头以及绿色植物等自然元素，打造出宁静、舒适的住宿环境。

2.2 风格的定位

风格定位则是将主题具象化的过程，它决定了民宿客栈的视觉效果和整体形象。风格可以根据民宿客栈的定位和目标顾客群来确定。如果民宿主打高端奢华，那么可以以欧式古典风为主，通过精美的雕花、华丽的布艺等元素，展现出高贵、典雅的氛围。如果民宿亲民、家庭风格，那么可以以乡村田园风为主，利用木质家具、棉麻布艺等自然、朴素的材质，营造出温馨、舒适的家庭氛围。

2.3 注意事项

在主题与风格的定位过程中，需要注意图4-2所示的几点。

事项一	保持统一性和协调性，确保主题和风格在民宿客栈的各个细节中得到体现
事项二	注重个性和创新，避免与其他民宿客栈产生同质化竞争，可通过独特的设计，打造出具有辨识度和吸引力的民宿品牌
事项三	考虑实用性和舒适性，确保客栈设计不仅美观，还要符合游客的生活习惯

图4-2 主题与风格定位的注意事项

民宿客栈房屋设计的主题与风格定位是一项全面而细致的工作，需要综合考虑多个因素。通过精心策划与设计，可以打造出具有独特魅力和吸引力的民宿客栈，为游客提供难忘的住宿体验。

3 空间布局：合理规划，舒适宜居

民宿客栈的空间布局需要综合考虑美观、实用、舒适和安全等多个方面。通过合理的规划和设计，可以打造出独具特色的住宿环境，为游客提供舒适的住宿体验。具体来说，空间布局设计要点如表4-1所示。

表4-1 空间布局设计要点

序号	空间区域	设计要点
1	入口与接待区	入口设计应简洁明了，易于辨识。接待区应设置在前台，方便游客办理入住手续，同时为游客提供必要的咨询服务
2	公共休闲区	设置一个宽敞明亮的公共休闲区，供顾客休息、交流或进行娱乐活动。可以放置舒适的沙发、茶几、书架等设施，营造出轻松愉快的氛围
3	餐厅与厨房	餐厅应设在通风良好、采光充足的地方，并提供多样化的餐饮选择。厨房应干净卫生，设备齐全
4	客房布局	客房是民宿客栈的核心区域，布局应合理、私密且舒适，每个房间都应设有独立的卫生间和淋浴设施。同时，可以根据房间大小和顾客需求，提供不同风格的装饰物和家具，营造出个性化的住宿氛围
5	景观与庭院	如有条件，可以设置庭院或露台，供顾客欣赏风景、呼吸新鲜空气。庭院内可以种植绿植、花卉等，营造出自然、清新的环境
6	交通与停车	考虑顾客的出行需求，民宿客栈应提供便捷的交通设施和充足的停车空间。可以设置专门的停车场或停车位，方便顾客停放车辆

在规划空间布局时，要考虑客栈未来的发展和变化。例如，预留一些空间或隔断，以便在需要时能够轻松调整房间布局。

4 材质选择：材料优质，安全耐用

在选择民宿客栈装修材料时，除了考虑美观、舒适、环保和实用等基本因素外，还要考虑表4-2所示的要点。

表4-2　材质与色彩选择要点

序号	选择要点	具体说明
1	耐用性与维护成本	材质的耐用性直接影响民宿客栈的寿命和维护成本。例如，实木地板虽然美观，但需要定期保养，且容易受潮变形；而复合地板或强化地板则更加耐用，且易于维护。在选择墙面材料时，也要考虑耐磨、耐污等特性
2	安全性与防火性能	客栈作为顾客住宿的场所，安全性至关重要。因此，在选择装修材质时，必须考虑防火性能。例如，电线、灯具等应选择阻燃性能好的产品；墙面、地面等也应尽量选择不燃或难燃材料
3	地域特色与文化元素	民宿客栈通常体现地域特色和文化氛围，因此在选择装修材质时，可以融入当地的文化元素和特色。这不仅可以提升客栈的独特性，还能让顾客更好地体验当地的风土人情
4	预算与成本控制	装修预算是选择装修材料时必须考虑的因素之一。不同的材料价格差异较大，应根据客栈的定位和预算来选择合适的装修材料。同时，不要为了追求效果而盲目选择高价材料，导致成本超出预算

序号	选择要点	具体说明
5	舒适与健康因素	客栈的舒适性对于顾客的住宿体验至关重要。因此在选择装修材料时，要考虑其对室内环境的影响，如是否容易产生噪声、是否存在有害物质等
6	风格与整体协调性	客栈的装修风格和整体协调性也是选择装修材料时需要考虑的因素。材料的颜色、纹理、光泽等特性应与整体装修风格相协调，避免出现装修风格混乱的情况

5 照明设计：光影交错，营造氛围

民宿客栈的照明不仅能营造出舒适、温馨的氛围，还能凸显民宿客栈的特色和风格。具体来说，照明设计要点如图4-3所示。

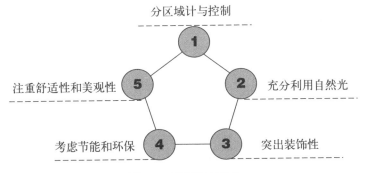

图4-3 照明设计要点

5.1 分区设计与控制

首先，照明应根据不同的区域进行分区设计。

例如，客厅是游客聚会和休息的场所，因此照明应注重营造舒适、放松的氛围，可以选择柔和的暖色调灯光，并搭配一些装饰性灯具，以突显空间的层次感和温馨感。卧室是游客休息的地方，照明应注重舒适性和实用性，可以选择柔和的床头灯或吊灯，要确保光线柔和不刺眼，同时有足够的照明强度，方便游客夜间活动。

其次，根据民宿客栈的不同区域，如睡眠区、卫浴区、工作区等，进行分区、分组、分场景、分回路、分时段控制，这样可以最大化地利用光源。同时结合建筑及景观特点，在不同时间段精确控制光效，营造出舒适、温馨的住宿环境。

5.2 充分利用自然光

通过合理的窗户设计，让阳光充分进入室内，减少白天的照明需求，同时营造出明亮、通透的空间感。在夜晚，则可以通过调节灯光亮度和色温，模拟自然光的变化，营造出宜人的居住环境。

5.3 突出装饰性

装饰性照明也是客栈设计中不可或缺的一部分。可以通过合适的灯具和灯光色彩，突出民宿的特色和风格。

例如，在北欧风格的民宿中，可以选择简约而富有设计感的灯具，搭配冷色调的灯光，营造出清新、自然的氛围；而在中式风格的民宿中，则可以选择具有中式元素的灯具，如纸灯笼、宫灯等，搭配暖色调的灯光，营造出古朴、典雅的氛围。

5.4 考虑节能和环保

在选择灯具时，应优先选择节能、环保的产品，如LED灯等，以减少能源消耗和环境污染。同时，还可以通过合理的灯光编排和控制，实现能源合理利用，降低运营成本。

5.5　注重舒适性和美观性

照明设计应充分考虑人们的视觉需求，避免出现眩光和阴影，保证光线柔和而均匀。同时，照明设计应与民宿的整体风格相协调，以提升客栈的整体品质。

例如，在中式风格的民宿中，可以选择仿羊皮的灯具和黄色的白炽光源；在现代风格的民宿中，可以选择简洁线条的灯具和时尚的光源。

6　软装搭配：温馨软装，提升品质

民宿客栈的软装搭配是营造温馨、舒适和个性化住宿氛围的关键，需要综合考虑表4-3所示的几个方面。通过精心搭配，挑选合适的软装元素，可以为顾客提供难忘的住宿体验。

表4-3　软装搭配需考虑的因素

序号	考虑因素	具体说明
1	整体风格的确定	可以基于民宿客栈的主题、定位以及目标顾客群来设定。比如，民宿客栈主打的是田园风格，那么软装搭配应该以自然、清新为主；民宿客栈是复古风格，则可以选择一些具有年代感的装饰元素
2	家具的选择	家具的选择要与客栈整体风格相协调。家具的款式、色彩和材质都应该与民宿的整体风格相匹配。例如，在田园风格的民宿中，可以选择木质或竹制的家具，色彩偏向自然色系；而在复古风格的民宿中，则可以选择一些具有复古韵味的家具，如皮质沙发、实木床等

序号	考虑因素	具体说明
3	布艺和窗帘的搭配	可以搭配与家具和墙面颜色相协调的窗帘和床单，同时注重窗帘和床单的材质，以展现舒适的触感
4	灯具的选择	合适的灯具不仅能确保室内光线充足，还能为房间增添艺术感。在选择灯具时，应考虑造型、材质以及光线效果，使其与客栈整体风格相契合
5	装饰画、摆件和绿植的选择	装饰画和摆件的选择应该与客栈整体风格相一致，彰显客栈的特色和文化。同时，绿植能为房间带来一丝自然的气息，提升居住的舒适度
6	色彩的搭配	色彩的搭配是软装中最直观、最能够影响心理的元素。合理的色彩搭配可以营造出温馨的氛围和感觉。在选择色彩时，可以考虑民宿的定位和客户需求，以及色彩的心理效应

案例分享

1.项目背景

××客栈是位于海滨城市的一处度假民宿，拥有五栋独立的别墅，每栋别墅均带有私人花园和海景阳台。该民宿的目标客群是追求海滨度假体验、家庭出游或朋友聚会的游客。在设计之初，××客栈充分考虑了海滨城市的文化特色、自然环境以及游客的需求，力求打造一个既舒适又充满海滨风情的度假空间。

2.主题与风格定位

××客栈的主题为海滨度假，选择了简约而又不失浪漫的地中海风格。整体色调以白色和蓝色为主，营造出清新、自然的氛围。在细节处理上，××客栈运用了大量的海洋元素，如贝壳、海藻、渔网等，并搭配带有海洋图案的壁纸和窗帘，使民宿充满了海滨韵味。

3. 空间规划与布局

在空间规划与布局上，××客栈充分考虑了每栋别墅的实际情况和游客的需求。每栋别墅均设有独立的客厅、餐厅、厨房和客房。客厅和餐厅采用开放式设计，使空间更加通透，同时也便于游客之间交流和互动。厨房则配备了现代化的烹饪设备，满足游客自行烹饪的需求。

客房的布局注重私密性和舒适性，每间客房均设有独立的卫浴设施和海景阳台。在阳台上，游客可以欣赏到美丽的海景。此外，××客栈的每栋别墅均带有私人花园，游客可以在这里享受悠闲的下午时光或举办小型聚会。

4. 装修与细节处理

在装修方面，××客栈选用了环保材料，如木质地板、棉麻窗帘等，营造出温馨、舒适的氛围。家具的选择也遵循简约原则，以白色和木色为主，既美观又实用。

××客栈注重每一处细节的处理。例如，在客厅和餐厅的墙面上，使用了带有海洋图案的壁纸，增强了房间的海洋气息；在卫浴设施方面，××客栈选用了高品质的设备，并配备了齐全的洗浴用品，让游客在享受海滨度假的同时，也能感受到家的温馨。

5. 特色空间打造

为了进一步提升游客的住宿体验，××客栈还打造了一些特色空间。在别墅的顶层，设置了一个宽敞的观景露台，游客可以在这里欣赏整个海景。此外，客栈还设置了一个共享的休闲区域，并配备了沙发、茶几和书架，游客可以在这里阅读、聊天或举办小型活动。

案例点评：

××客栈通过精心设计与装修，成功打造出一个充满海滨风情的度假空间。无论是整体风格的位、空间规划与布局，还是细节处理和特色空间打造，都充分考虑到了游客的需求和体验。在这里，游客可以尽情享受海滨度假的乐趣，同时感受到家一般的舒适与温馨。

第 5 章

开业筹备与宣传

关键词：
统筹安排
手续齐备
宣传造势

不管是什么事情，都应做好周密而详尽的准备工作，开店也是如此。经营者应重视开店的每一个细节，在前期筹备时就要面面俱到。只有充分地重视前期筹备工作，才能为以后的店铺经营铺平道路。

【要点解读】▶▶▶

1 证件办理：合法经营，顺利开业

2019年7月实施的《旅游民宿基本要求与评价》（LB/T 065—2019）明确规定，民宿经营应符合治安、消防、卫生、环境保护、安全等有关规定与要求，并取得相关证照。

1.1 选择经营主体

目前，经营组织大体可分为个体工商户、个人独资企业、一人有限责任公司、合伙企业、有限责任公司或股份有限公司。不同的经营主体，其设立条件、责任承担、税收优惠政策及法律责任各不相同。经营者可以根据自身的需求和实际情况，选择合适的经营主体形式。最好咨询专业人士或律师，以获得更准确的建议和指导。

1.2　办理营业执照

营业执照是工商行政管理机关发给工商企业、个体经营者的准许从事某项生产经营活动的凭证，其格式由国家市场监督管理总局统一规定。没有营业执照的工商企业或个体店铺一律不许开业，不得刻制公章、签订合同、注册商标、刊登广告，银行也不予开立账户。

申请人需持本人身份证、营业场所证明等相关材料，向当地工商部门申请办理营业执照。

 生意经

自2016年10月1日起，营业执照、组织机构代码证、税务登记证、社会保险登记证和统计登记证实行"五证合一"。

1.3　消防安全许可证

民宿客栈属于公共场所，经营者应办理消防安全许可证。

1.4　特种行业许可证

特种行业是指因业务内容和经营方式同社会治安秩序密切相关，行政法规规定由公安机关实行特定治安管理的行业。旅馆业包括旅社、饭店、宾馆、酒店、招待所、有接待住宿业务的办事处、培训中心、住客浴室、度假村等，都属于特种行业。因此，民宿经营者应依法办理特种行业许可证。

1.5　食品经营许可证

对于提供餐饮服务的民宿客栈，应办理食品经营许可证。我国法律明文规定，在中华人民共和国境内，从事食品销售和餐饮服务活动的行业，应当依法取得食品经营许可。

1.6　健康证

按照《中华人民共和国食品安全法》第四十五条的规定，民宿客栈应建立并执行从业人员健康管理制度。接触直接入口食品的生产经营人员，应当每年进行健康检查，取得健康证明后方可上岗工作。

1.7　注册商标

经营者如果想做自己的品牌，可以考虑注册商标，这样在全国范围内能对自己的品牌进行保护，并增加品牌投资价值。注册商标需要提供营业执照。经营者可以在商标注册服务公司或知名的商标代理网站进行商标注册。

1.8　开立对公账户

选择一家合适的银行，准备好身份证、营业执照等相关材料，可以开立对公账户。

经营者可根据自身的实际情况确定是否需要开立对公账户。如果是规模比较小的民宿客栈，前期也可以不办理对公账户。

1.9 申请发票

经营者应携带相关材料前往当地税务机关，按规定程序申领发票。

 生意经

不同的城市，开店所需的证件可能不一样。经营者应根据当地政策和实际情况，咨询当地相关部门或专业人士，以确保开店手续的准确性和合规性。

2 前期准备：周密部署，确保顺利

开业前的工作比较烦琐，如果不按照一定流程，把要做的事情一项一项列出来，很容易出现一团糟，同时，也会影响客栈的后期运营。为确保客栈顺利开业，经营者必须做好开业前的各项准备工作。

2.1 客栈内外的清洁工作

保证客栈内外干净整洁，物品摆放有序。

（1）擦洗客房及公共空间的玻璃。

（2）房间卫生的打扫。

（3）地面、墙壁清洁。

（4）隐蔽角落卫生打扫。

（5）客栈外围清洁。

（6）走廊栏杆清洁。

2.2 地图信息标注

地图信息可以在百度地图、高德地图、腾讯地图等APP上进行标注，以便为顾客提供导航。信息标注尽量要做到准确无误，可以请专业的团队协助。

2.3 对房间进行通风处理

新装修的客栈，房间味道会很重，墙壁、家具等会散发出难闻的气味。开业前经营者一定要对房间进行处理，尽可能减弱味道。

（1）每天打开门窗，让空气形成对流，保持房间通风。

（2）在每个房间放置几个菠萝，菠萝属于粗纤维类水果，可以散发出菠萝的清香。还可以利用祛味清洁剂对家具、壁纸等进行喷涂。

（3）在房间柜子、箱子、抽屉可以放置一些活性炭，活性炭对有害气体具有很强的吸附作用。

2.4 拍照

请专业的摄影师进行拍照，包括房间照片、公共区照片、细节照片、过道照片、庭院照片、整体建筑照片、航拍照片等。拍好后，要对照片进行整理分类，以便后期使用。

2.5 设置收款方式

客栈可以设置现金、转账、刷卡、微信、支付宝等多种收款方式，并开立不同的银行收款账户。

2.6 房间测试

对房间进行测试，是为了确保顾客能正常入住。房间测试主要针对房间的硬件及软件。

（1）房间硬件测试

房间硬件测试主要包含表5-1所示的内容。

表5-1 房间硬件测试内容

序号	测试项目	具体内容
1	电器设备	包括电视、空调、热水器、电热壶、电热毯、电话、马桶、浴缸、窗帘等调试
2	洗浴系统	包括单个客房的热水出水时间测试、全部房间热水供应时长测试，以防在房间住满的情况下，出现热水不够的情况
3	门窗系统	门卡系统是否正常、窗户开关是否顺畅等
4	照明系统	灯具及开关是否正常、晚上灯光效果如何、光线是偏暗或者偏强
5	Wi-Fi网络	Wi-Fi信号的强弱，尤其要对房间角落的Wi-Fi信号进行测试

（2）软件测试

软件测试主要包括顾客入住体验、房间隔音状况、房间气味、房间物品配置及摆放等。

2.7 物品的购置

所需物品的数量及购买价格要根据民宿客栈的实际情况来确定。

一般来说，客栈需要购买的物品包括但不限于表5-2所示的几类。

表5-2 民宿客栈开业需要购买的物品

序号	用品种类	具体说明
1	清洁用品	刷子、扫帚、拖把、吸尘器、洗衣粉、清洁手套、抹布、消毒液、清洁剂、清洁袋、马桶刷、垃圾桶等
2	客房消耗品	沐浴露、洗发露、护发素、润肤露、牙刷、牙膏、肥皂、纸巾、拖鞋（包括一次性拖鞋）、剃须刀、针线包、擦鞋布、护理袋等
3	办公用品	贴纸、文件夹、A4纸、名片夹、中性笔、记号笔、剪刀、胶带纸、固体胶、双面胶、订书机、计算器、复印纸、税票打印机、记账本、收据单、收纳盒、夹子、支架式黑板、粉笔、U盘、POS机、二代身份证阅读器等
4	维修用品	折叠梯、手电筒、工具箱、马桶疏通器、网线、钻头套装、电笔、园艺剪刀、洒水壶、铲子、镰刀、铁锹等
5	日常生活用品	指甲钳、雨伞、雨鞋套、针线盒、水果刀、晾衣架、手机充电器及充电线、洗衣液、水杯蜡烛、打火机、手电筒、医药箱、电池等
6	厨房用品	盆、盘、碗、锅、筷、调味品、各类厨具（刀、叉、夹子、铲子、勺子、砧板）、油烟机、泔水桶、托盘、洗涤蒸煮设备等
7	通信用品	对讲机、电话、手机、电话卡。电话号码尽量好记顺口
8	消防用品	灭火器、消火栓箱、烟雾报警器、消防水带、应急照明灯、消防面具等

相关链接 ....

民宿客栈配置清单（参考）

1.客房的基本配置

电热壶×1、漱口杯×2、水杯×2、卫生间卷纸×1、垃圾桶×2、纸巾盒×1、衣帽架×1、浴袍×2、拖鞋×2、地巾×2、面巾×2、浴巾×2、台灯×2、牙刷牙膏×2、沐浴露×1、衣架×5、洗发露×1、浴帽×2、电视×1、空调×1、烟灰缸×1、果盘×1、矿泉水×2、灭蚊器×1、体重秤×1、吹风机×1、茶叶袋×1、浴室防滑垫×1、插线板×1、房卡×2、钥匙×2、毯子×2、枕头×4。（注：每家客栈可根据实际情况确定。）

2.前台的基本配置

电脑×1、视频监控显示器×1、打印机×1、税票打印机×1、电话×1、笔筒×1、二代身份证阅读器×1、POS机×1、计算器×1、保险箱×1、对讲机×1、笔记本若干。（注：每家客栈可根据实际情况确定。）

2.8 物品归类与存储

将物品进行整理归类，分别放在不同的地方，如布草间、储物间、吧台、前台等，并进行定期盘点，以便在使用时能够迅速找到。

（1）布草间：布草、清洁工具、客房消耗品等。

（2）储物间：维修工具、杂物等。

（3）前台：小件物品（如手电筒、指甲钳等）、办公用品等。

（4）吧台：水果刀、启瓶器、各类杯子等。

3 庆典策划：热闹开业，吸引人气

开业庆典活动是民宿客栈的一个重要里程碑，它不仅标志着民宿的正式运营，也是吸引顾客、提升品牌知名度的绝佳机会。一般来说，策划开业庆典活动应注意以下要点。

3.1 活动主题与定位

客栈应确定一个鲜明、独特的活动主题，如"欢迎回家，体验家的温馨"等，让参与者能够快速理解活动的意义。同时，明确活动定位，是面向所有人群，还是特定人群。

3.2 活动时间与地点

客栈应选择一个对大多数人来说都方便的时间，如周末或节假日，在客栈的庭院或附近公园等开展庆典活动，以吸引更多人参与。

3.3 活动宣传

客栈可以制作精美的海报和传单，张贴在民宿周边及客流量大的地方，也可以邀请当地的知名人士或达人进行宣传，提高活动的曝光率。

3.4 活动流程设计

（1）开幕式。可由经营者或特邀嘉宾进行简短而热烈的致辞，宣布开业庆典活动正式开始。

（2）文艺表演。邀请当地的文艺团体或艺术团队进行表演，如舞蹈、歌唱、戏曲等，增加活动的文化气息。

（3）民宿体验。安排专人带领大家参观民宿，并介绍民宿的特色和优势，加深大家的了解。

（4）互动游戏。设计一些有趣的互动游戏，如抽奖、猜谜等，吸引更多人群的目光。

（5）美食品鉴。提供当地的特色小吃和饮品，让大家在品尝美食的同时，也能感受到当地的风土人情。

3.5 推出优惠政策

在开业庆典期间，可以推出一些优惠政策，如打折、赠送礼品等，吸引顾客入住。同时，可以设立会员制度，让顾客在享受优惠的同时，也能成为客栈的忠实粉丝。

3.6 后续跟进

活动结束后，及时收集参与者的反馈，了解他们对客栈和庆典活动的看法和建议。同时，对活动的效果进行评估，总结经验教训，为客栈的顺利运营提供依据。

1.开业筹备

（1）选址与租赁。云溪山居位于风景秀丽的山区，周围环绕着茂密的树林和清澈的溪流。开店之初，经营者经过多番考察和比较，最终选定了山区一处具有古朴风情的独立院落作为客栈的经营场所，并与房东签订了长期租赁合同。

（2）装修与设计。在装修设计上，经营者注重现代元素与古朴风格的融合，保留了原有的石墙、木梁等自然元素，同时加入了简洁舒适的现代家具和装饰品。色彩上以自然色调为主，营造出温馨而宁静的氛围。每个房间都设有独立的阳台，顾客足不出户就可以欣赏到山间的美景。

（3）办理相关手续。为确保合法经营，经营者办理了营业执照、卫生许可证、特种行业许可证等相关证件。同时，还进行了消防安全和用电安全检查，确保民宿安全运营。

（4）员工招聘与培训。经营者注重选拔具有服务意识和团队精神的员工，经过多轮面试和筛选，最终确定了前台接待、客房服务、餐饮服务等岗位的人员。经营者还制订了详细的培训计划，包括服务礼仪、顾客沟通技巧、危机处理等内容，确保员工能够为顾客提供优质的服务。

2.开业宣传

（1）线上宣传。经营者利用微博、微信、抖音等社交平台发布了开业信息，并配以精美的图片和视频展示民宿的特色和环境。同时，邀请一批旅游博主和达人前来体验并分享住宿感受，利用他们的影响力扩大宣传范围。此外，经营者还与携程、去哪儿等在线旅游平台合作，将民宿信息上传至平台，以吸引更多顾客预订。

（2）线下宣传。经营者制作了精美的传单和海报，详细介绍了民宿的特色、位置、价格等信息，并在周边商圈、旅游景点等地发放。同时，与当地的旅行社建立合作关系，将云溪山居纳入推荐行程中，吸引团队顾客前来体验。

（3）开业庆典活动。为庆祝开业，云溪山居举办了一场盛大的开业庆典活动、设置了剪彩仪式、文艺演出等环节，吸引了大量当地居民和游客参与。此外，云溪山居还推出了开业优惠活动，如折扣、免费体验等，以提升客栈的知名度。

案例点评：

经过一系列筹备与宣传活动，云溪山居在开业初期就取得了良好的业绩，客房预订量持续增长，顾客评价普遍较高。同时，通过线上线下宣传活动，云溪山居的知名度和品牌影响力也得到了提升。在后续的运营中，云溪山居持续优化服务质量和顾客体验，成了当地知名的民宿品牌。

第 6 章

团队组建与管理

关键词:
合理配置
职责明确
高效专业

拥有一支高效、专业的团队,能确保民宿客栈顺利运营,为顾客提供优质的服务和体验。同时,也能为民宿客栈的长期发展奠定坚实的基础。因此,经营者要加强团队组建与管理工作。

【要点解读】▶▶▶- - - - - - - - - - - - - - - - - - - -

1 组织架构:搭建框架,明确职责

组织架构搭建是民宿客栈管理的重要内容。科学合理的架构体系,有助于提升工作、服务质量,实现成本控制。表6-1所示是某民宿客栈组织架构的设置,经营者可以根据实际情况进行调整和优化。

表6-1　某民宿客栈组织架构的设置

序号	部门设置	具体说明
1	管理层	（1）总经理／店长：负责民宿客栈的整体运营和管理，制定战略目标和计划，监督各部门的执行情况，确保各项业务顺利开展 （2）副总经理／副店长：协助总经理／店长开展日常管理工作，负责某些特定领域或项目的推进，确保团队目标顺利达成
2	前台接待与客服	（1）前台经理：负责前台团队的日常管理和培训，确保接待服务高效、专业 （2）前台接待员：负责接待顾客，办理入住、退房手续，为顾客解答疑问 （3）客服专员：负责处理顾客的投诉和意见反馈，确保为顾客提供优质的服务
3	客房服务	（1）客房部经理：负责客房团队的日常管理和培训，确保客房清洁、整洁和舒适 （2）客房服务员：负责客房的卫生清洁、布草更换、设施设备维护等工作
4	餐饮服务	（1）餐饮部经理：负责餐饮团队的日常管理和培训，确保餐饮服务的品质和效率 （2）厨师：负责制作各种美食，满足顾客的餐饮需求 （3）服务员：负责顾客接待、点餐、传菜等工作
5	维护与清洁	（1）维护部经理：负责设施设备的维护和保养，确保民宿客栈正常运行 （2）清洁员：负责公共区域卫生的打扫，保持民宿客栈整洁的环境
6	市场营销与推广	（1）市场营销经理：负责制定营销策略和推广计划，提高民宿客栈的知名度和美誉度 （2）网络营销专员：负责在线平台的运营和推广，吸引更多潜在顾客
7	财务与行政	（1）财务专员：负责民宿客栈的财务管理和预算制定，确保资金活动稳健运行 （2）行政专员：负责行政事务的处理和文件资料的整理，并协助各部门的工作

2 组建团队：汇聚英才，共创辉煌

搭建好民宿客栈的组织框架后，接下来就要通过合理的渠道进行人员招募了。

2.1 团队成员的选择标准

对于团队成员的筛选有图6-1所示的两个主要标准。

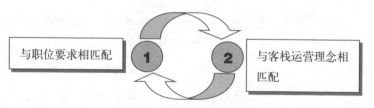

与职位要求相匹配　1　2　与客栈运营理念相匹配

图6-1　团队成员的选择标准

当然，人员与标准的匹配度也需要在后期运营管理过程中得到加强。

2.2 招聘员工的参考依据

经营者在招聘员工时，可参考图6-2所示的依据。

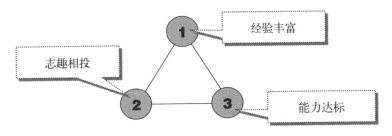

图6-2　招聘员工的参考依据

（1）经验丰富。经营者在招聘的时候，一定要了解应聘者是否有民宿客栈的工作经验，这一点非常重要。民宿客栈不同于其他行业，其需要员工对服务管理有一定的经验，懂得顾客服务的技巧和原则。

员工如果没有类似的工作经验，可能会导致磨合失败、离职率增加等情况发生，从而降低团队的稳定性，甚至还可能会使客栈经营出现严重问题。

（2）志趣相投。经营者和员工的相处会影响日后工作的方方面面，如果不能经营者不能和员工进行良好的沟通和交流，很容易使员工丧失工作的动力和热情，从而导致团队不和谐，造成民宿客栈经营不善。

（3）能力达标。客栈员工的业务能力一定要达标，并且具有很强的学习能力，能够紧跟民宿客栈发展的步伐，不断提升自我，使服务品质始终保持在高位。

3　店长负责制：责任到人，高效运营

一个好的团队必须有一个优秀的管理者。对于民宿客栈经营而

言，可以采取店长负责制，让优秀的店长来管理整个团队。

一个优秀的店长，应具备以下三个方面的能力。

3.1 销售能力

店长的销售能力，直接决定着民宿客栈的营收。具体来说，店长的销售能力，主要包括图6-3所示的三个方面。

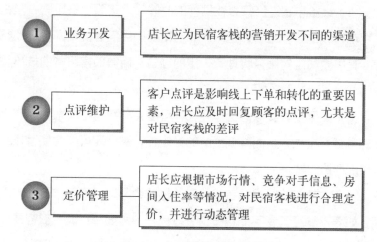

图6-3 店长销售能力的体现

3.2 产品管理能力

民宿客栈的产品包括地段、装修、服务。地段和装修，很难改变，但是服务可以通过人的努力去提升。作为一家民宿客栈的店长，应从产品思维出发，从客栈的卫生、接待、服务等方面入手，为顾客提供优质的入住体验，为民宿客栈的营收赋能。

3.3　成本意识

民宿客栈的经营成本主要是人力成本，清洁、接待等工作都需要依靠人工去完成。人力成本和服务水平密切相关，店长应通过提高员工的工作积极性、民宿客栈的入住率，来实现民宿客栈和员工的双赢。

4　内部流程标准化：规范操作，提升效率

民宿客栈运营中，应建立一套标准化的内部流程。经营者应鼓励员工积极主动地为顾客着想，让顾客享受高品质的服务，

这也是提高顾客黏性的有效方式之一。

那内部流程该如何优化呢？经营者应让员工慢慢融入团队之中。

第一步，要让员工感知客栈的服务理念、经营目标、服务规范和标准。

第二步，向团队成员提供各项培训，提升员工的业务能力。

比如，鼓励员工轮岗学习，使每一位员工都有机会学习顾客服务、沟通艺术、咖啡制作、问题处理等方法或技能，将员工培养成多面手。

5　员工潜能挖掘：激发潜能，共同成长

客栈经营者还应注重团队默契的培养和员工工作能力的提升，以及员工潜能的挖掘，为员工发展提供机会。那么，经营者在这方面应该如何实施呢？具体可参考图6-4所示。

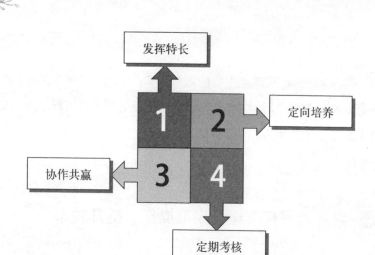

图6-4　挖掘员工潜能的技巧

5.1　发挥特长

经营者应鼓励员工发挥他们特长，即本职工作以外的技能或爱好，比如弹唱、手工、舞蹈等。

民宿客栈不同于其他行业，员工每天都要面对不同的人群，有时候员工的一些个人特长能够促进员工与顾客更好地交流，提升民宿客栈的整体温度，拉近与顾客的距离。

经营者应该给员工提供才艺展示的机会，充分调动员工的积极性，让民宿客栈的氛围更加和谐，员工之间的相处也更加融洽。

5.2　定向培养

对于不同岗位的员工，经营者要确定不同的培养方向，制订不同的培训计划。

比如，对于客服岗位，需要关注员工的语言表达、逻辑思维以及应变能力；而对于接待岗位而言，除了以上这些，对员工的个人仪表、待人接物等方面也有更严格的要求。

5.3　协作共赢

与其他行业相比，客栈员工之间相处的时间和机会更多，所以，经营者在前期招聘时就应考虑这一点，尽可能招收具有团队意识的人。

经营者应该开展一些特定的培训，有意识地提升员工的团队协助能力，让他们从日常的工作中了解团队合作的重要性；经营者还可以组织一些团建活动，提升员工的默契度，使其更好地为客栈服务。

5.4　定期考核

检验员工工作业绩与业务能力，最直接有效的方法就是考核。

经营者可以按照月份、季度甚至是年份，对员工进行考核，检验他们的工作开展情况，发现问题，并及时指导他们改正，让每个员工都得到更好的发展，从而给民宿客栈带来更高的效益。

6　员工留用策略：留住人才，稳定团队

对于民宿客栈而言，员工频繁离职不仅会造成团队不稳定，而且还会影响客栈的发展。因此，经营者应采取相应的策略留住员工，降低员工的离职率，具体如图6-5所示。

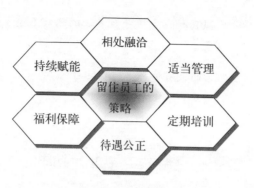

图6-5　留住员工的策略

6.1　相处融洽

要降低员工的离职率，首先就是要让他们对客栈产生依赖感，这里的"依赖感"是指员工与员工、员工与老板、员工与住客之间相处融洽，当然，最主要的还是指团队的和谐程度。

团队凝聚力对于客栈运营至关重要。经营者在选拔团队成员时，应倾向于志同道合、性格相近的伙伴，以增强团队的整体效能。同时培养员工之间的默契，为员工打造充满温情的工作氛围，促使员工齐心协力，推动客栈不断发展。

6.2　适当管理

经营者应该制定客栈员工工作规范，明确每一个岗位的职责，并进行合理分工；同时制定员工奖惩制度，对工作表现良好的员工给予一定的奖励，对犯错误的员工进行适当的惩罚，让整个团队迅速成长，不断提高团队的融合度，增强员工的集体意识。

6.3　定期培训

及时为员工注入新鲜技能，开展专业技能培训，也是经营者的责任与义务。

经营者应该建立完善的培训机制，激发员工的学习热情，增强员工对客栈的认同感和归属感，从而有效降低员工离职率，实现客栈的繁荣发展。

6.4　待遇公正

员工应聘民宿客栈，主要看重的还是薪资待遇与发展前景。若客栈待遇与其他行业相差悬殊，或经营者违背招聘承诺，不仅使员工失望，还可能引发离职潮，严重的也会损害客栈的信誉。因此，经营者应了解市场行情，制定合理的薪资政策，赢得员工的信任，提升员工的归属感，促进客栈持续健康发展。

6.5　福利保障

福利保障，不仅是指国家规定的一些必要的福利，还包括民宿客栈自己给予员工的福利。

在条件允许的情况下，客栈应给员工提供一些福利，比如客栈的代金券、家属折扣等，提升员工的工作积极性。

另外，经营者也可以组织一些集体活动，比如旅游的机会，从而有效留住人才，确保团队的稳定性。

6.6　持续赋能

为了使员工将民宿客栈的发展视为己任，经营者可采取金钱激励与权力赋能等策略。当客栈效益显著时，可酌情考虑给予员工一定分红；当客栈效益欠佳时，则可以通过权力下放，让员工拥有更多的决策权，从而鼓励员工积极投身于客栈的运营与管理。

生意经

对于有梦想且干劲十足的年轻员工来说，赋予其权力，给予其机会，可以促使他们创造更多的价值。

案例分享

某经营者在知名旅游城市周边的一处风景秀丽的山脚下，开设一家名为"山语轩"的民宿客栈。他以自然、舒适、温馨为经营理念，旨在为游客提供一份远离城市的静谧之感。为确保客栈顺利开业，并为顾客提供优质的服务，他非常重视团队组建与管理工作。

1.团队组建

（1）岗位设置与职责分工。该经营者根据业务需要，设置了前台接待、客房服务、餐饮服务、维护清洁等岗位，并制定了详细的岗位职责。例如，前台接待负责接待顾客、办理入住手续、解答顾客疑问等；客房服务负责客房的清洁整理、布草更换等工作。

（2）人才选拔与招聘。该经营者通过线上线下多渠道发布招聘信息，吸引了大量应聘者。在面试环节，除了考察应聘者的专业技能外，还注重评估其服务态度、沟通能力和团队合作能力。经过多轮筛选，最终选拔出一批具备专业素质和良好态度的员工。

（3）业务培训与技能提升。新员工入职后，经营者为他们提供了为期一周的系统培训，包括民宿文化、服务技能、沟通技巧、应急处理等内容。同时，还鼓励员工参加各种行业培训和交流活动，不断提升自己的业务水平。

2.团队管理

（1）制定规章制度与标准化流程。该经营者制定了一套完整的规章制度和标准化的工作流程，并要求员工严格执行。例如，客房服务人员在清洁客房时，需按照规定的步骤和顺序进行。

（2）薪酬体系与员工福利。该经营者建立了完善的薪酬体系和员工福利，根据员工的工作表现和业绩给予相应的奖励。同时，还注重员工福利，提供五险一金、带薪年假等福利，让员工感受到家的温暖。

（3）团队建设与文化建设。该经营者定期组织开展团队建设活动，如户外拓展、团队聚餐等，增强员工的凝聚力和向心力。同时，还注重企业文化建设，倡导"以人为本、顾客至上"的理念，提升员工的服务意识。

（4）顾客反馈与服务质量提升。该经营者建立了顾客反馈机制，通过问卷调查、电话回访等方式收集顾客对服务的意见和建议，并对存在的问题和不足，积极改进，不断提升服务质量。

（5）绩效考核与职业规划。该经营者定期对员工进行绩效考核，并根据考核结果给予员工相应的奖励或改进建议。同时，关注员工的职业发展规划，为员工提供晋升机会和职业发展路径，让员工在山语轩这个平台实现自己的价值。

3.效果评估

经过一段时间的运营和管理，山语轩民宿客栈的团队组建与管理工作取得了显著成效，员工之间配合默契，服务质量得到了顾客的认可。同时，客栈的知名度和美誉度也得到了提升。

案例点评：

山语轩民宿客栈的经营者通过科学的团队组建与管理实践，成功打造了一支高效、专业的团队，为客栈的长期发展奠定了坚实的基础。

第 7 章

成本控制与定价

关键词：
精细控制
动态调整
合理定价

通过严格的成本控制和合理的定价策略，民宿客栈可以提高盈利能力，增强市场竞争力，促进可持续发展，并提升品牌形象。因此，经营者应该高度重视这两方面工作，确保客栈在激烈的市场竞争中立于不败之地。

【要点解读】▶▶▶ — — — — — — — — — — — — — — — —

1 人力成本控制：合理配置，节约成本

1.1 成本范围

民宿客栈人力成本包括员工薪酬、日常生活成本（吃住、日常生活用品购买）、福利成本（五险一金、过节福利）等。

1.2 常见问题

（1）人员配置冗余。主要体现为岗位职能重叠和人力资源浪费。

例如，某岗位工作一人即可完成，却配置两至三人，对于规模较小的民宿客栈而言，这无疑是一笔不小的开支。

（2）人员业务能力欠缺。主要体现为工作能力不足。例如，前台人员仅能完成基础的接待任务，而对于打扫卫生、营销推广或设备简单维修等工作却力不胜任。民宿客栈的运营模式与酒店有所不同，酒店的岗位分工明确，而民宿客栈则倾向于一人多职。这就要求客栈工作人员具备较强的综合业务能力，能应对多样化的工作需求。

（3）淡旺季人员配置不合理。在旺季，顾客数量显著上升，入住率有可能高达90%，甚至达到100%，而到了淡季，入住率则骤降至40%或50%。因此，客栈应对各岗位工作人员数量进行相应调整，确保人力资源得到合理利用。

1.3 解决方法

（1）优化组织架构，精简人员数量。在确保服务品质和工作效率的前提下，优化组织架构体系，精简现有人员数量。从而减少薪酬支出，达到人员成本控制的目的。

（2）提高员工综合素质。加强员工培训，使员工变为精通多项技能的全方位人才，让每一位员工都能够熟练地接待顾客、进行网络推广、处理设备故障，以及高效执行清洁任务，从而减少员工的数量。

（3）制定合理的薪酬方案。客栈经营者可以采用"基本工资＋绩效工资＋福利"的薪酬模式，充分体现"多劳多得、能者多得"的原则，极大地激发员工的工作积极性，提高员工的工作效率，从而为客栈创造更多的利润。

（4）淡旺季合理安排人员，减少人员成本支出。由于淡旺季客流量差别较大，经营者应灵活安排人员，合理控制人员数量。

（5）建立健全监督体系，防止财务管理出现漏洞。

2 物耗成本控制：精打细算，减少浪费

合理有效地控制物耗成本，能够最大限度地提高客栈利润。

2.1 成本范围

物耗成本主要包括客房耗品、日常用品等。

2.2 常见问题

（1）采购制度不完善。

（2）物品领用制度不合理，浪费现象较为严重。

（3）缺少对物耗成本的统计分析，对耗品价格及使用数量不敏感。

（4）设备设施陈旧落后。

（5）经营者缺乏有效的执行力。

（6）员工节约意识薄弱，客栈缺乏对节约理念的宣传。

2.3 解决方法

建立一套完善的物品采购与使用制度，加强对耗品数据的统计分析，提高员工的节约意识。

对于客房耗品，可以采取以下控制措施。

（1）在不影响顾客入住体验感情况下，根据价格、淡旺季情况合理配置耗品（数量、质量）。

比如，房间价格较高的情况下，房间易耗品可以配置六件套甚至十件套，包括牙膏、牙刷、沐浴露、洗发露、护发素、润肤露、浴帽、针线包、鞋擦、梳子、剃须刀、护理包等，尽量选择小瓶装的产品。在淡季价时，应减少易耗品套装的数量，可将一些易耗品放在前台，顾客有需要可以自行来取。

（2）根据民宿客栈的经营理念及所处位置，配置易耗品。比如，一些海边的客栈，为了保护环境，不建议使用一次性易耗品，从而能节省部分易耗品的支出费用。

3 餐饮成本控制：优化采购，提高利润

民宿客栈的收入中，餐饮收入占比很大。餐饮成本的控制直接影响餐饮业务的营业收入和利润，进而影响客栈的整体收入。

3.1 成本范围

餐饮成本包括食材调料费用、设备折旧费用等，涵盖采购、储存、领用、粗加工、切配、烹饪等环节，每一个环节都会影响餐饮成本的控制。

3.2 常见问题

（1）食材采购数量不当。

（2）食材供应价格不稳。

（3）食材浪费现象严重。

3.3　解决方法

（1）制定合理采购标准。采购人员应熟悉食材特征及周边市场动态，最好就地选材，减少运输成本。如果采购量较大，应选择优质的供应商，并与其建立长期合作关系，确保证食材稳定供应。同时做好库存管理，减少食物变质等情况的发生。

（2）如果每天的需求量较小，可以减少库存数量，实行当天定量采购。

（3）根据季节变化、食材价格、每天早餐剩余量，灵活调整早餐种类。

（4）定量供应早餐，使早餐供应量与客栈入住率相匹配。

4　能源成本控制：节能降耗，绿色环保

4.1　成本范围

水、电、燃气等费用的支出占民宿成本的很大一部分。经营者应采取措施，降本增效、节能减排，有效控制客栈经营成本。

4.2　常见问题

（1）能源浪费严重。

（2）能源使用制度不完善。

（3）受设备因素的影响，能源消耗量较大。

4.3　解决方法

（1）合理使用能源，杜绝浪费，大力提高顾客和员工的节约意识。

（2）根据季节，调整灯光的亮度及亮灯位置。

比如，走廊、大厅的亮灯时间，夏季可安排在19:00，冬季可安排在18:00以后熄灭部分公共空间灯。

（3）在客房及公共空间放置"节约用水用电"的提示牌。

（4）更新、更换大功率用水用电设备。虽然短时间内造成成本支出增加，但从长远来看，则减少了能源的消耗。

5　销售成本控制：精准营销，避免冗余

5.1　成本范围

销售成本主要是指民宿客栈在线上电商平台进行推广所支付的佣金。

5.2　常见问题

民宿客栈的营销渠道比较窄，主要依赖OTA平台。而OTA平台15%左右的佣金，对于体量小的民宿客栈来说是一个不小的负担。

5.3　解决方法

拓宽销售渠道，减少对OTA平台的依赖。客栈可以通过提升顾客入住体验，让顾客口口相传，来增加客户来源

（1）根据淡旺季的客流量，适当调整营销策略。比如，春节期间，由于线上线下客流量巨大，可以将一部分房间在OTA上销售，一部分在线下销售，从而提升客栈在市场上的排名。

（2）加大网络营销推广的力度，增加客栈在直销平台的影响力，吸引更多的顾客前来体验。

（3）把OTA平台的线上顾客转化为线下顾客。

6　维修成本控制：定期维护，延长寿命

6.1　成本范围

维修成本是民宿客栈中一笔不小的支出，也是必要的支出。设备陈旧或者损坏，影响着民宿客栈的正常运营。经营者应提高设施设备的使用寿命，减少维修费用的支出，实现有效的成本控制。

6.2　常见问题

（1）设备设施出现问题，客栈人员不能自行维修。请专业人员提供帮助，会支出一笔较高的修理费。

（2）员工没有养成保养设备设施的习惯，增加了设备的故障率，缩短了设备的使用寿命。

6.3　解决方法

（1）加强设备设施的保养，如定期清理空调内机过滤网、面盆过滤处污垢等。

（2）配备一些维修工具，如折叠梯、工具箱组套、电钻、马桶

吸等。

（3）加强员工技能培训，使其能够进行一些简单维修，如处理房间断电、卫生间马桶堵塞、断网等问题。

（4）对设备设施故障的处理过程进行书面记录。

🔗 相关链接

民宿客栈经营的成本控制要点

1.不要大修大装，大修大装势必会增加装修成本。

2.要保持自己的特色，不要盲目跟风。

3.注意电器的维护，电器使用两三年就需要经常检修了。

4.家具的维修和检查也非常重要。

5.做好外墙的防水。房间发霉或漏水大都是因为外墙防水没做好引起的，建议客栈在装修完2～3年后，应全面检查房屋的外墙和天花板，如果有漏水的痕迹，要及时采取措施补救。

7 定价策略：科学定价，稳定盈利

民宿客栈的定价是一个复杂而关键的过程，需要考虑多个因素，以确保定价的合理性，具体如表7-1所示。

表7-1 定价需考虑的因素

序号	考虑因素	具体说明
1	地理位置	客栈所处的位置会直接影响房价。如果客栈位于旅游景点、城市中心或交通便利的地段，那么房间价格通常会很高
2	设施与服务	客栈的设备设施和服务质量也是影响定价的重要因素。优质的床品、宽敞的住宿空间、齐全的设备设施、舒适的绿化区域以及特色的餐饮服务等，都会增加客栈的吸引力，从而抬高房间的价格
3	房间类型	不同类型的房间价格也不一样。例如，套房或家庭房，因为可以容纳更多人，所以价格会更高。而标准或单人间，由于空间较小，价格则相对较低。此外，房间的朝向、景观等也会影响价格
4	季节与市场需求	季节和市场需求的变化会直接影响民宿的定价。在旅游旺季或节假日期间，客栈价格通常会上涨。而在淡季，为了吸引顾客，客栈通常会降低价格
5	竞争对手的价格	了解并分析竞争对手的定价策略也是客栈制定定价方案的重要一环。如果竞争对手的价格较低，为了保持竞争力，客栈可能要适当降低价格。反之，如果竞争对手的价格较高，客栈自身的品质和服务也比较好，那么可以适当提高价格
6	运营成本	运营成本也是客栈定价时需要考虑的因素，包括房租、水电费、维护费、员工工资等。定价时需要确保收入能够覆盖这些成本，这样才能实现盈利

民宿客栈的定价是一个综合性的决策过程，涉及多个因素，包括市场需求、竞争环境、成本结构以及目标顾客等。表7-2所示是一些常见的定价策略。

表7-2 常见的定价策略

序号	定价策略	具体说明
1	成本导向定价	即根据民宿客栈的运营成本来确定价格。首先，计算每间客房的固定成本（如租金、保险、维护费用等）和变动成本（如水电费、清洁费、员工工资等）。然后，加上期望的利润，从而得出每间客房的价格。这种策略能够确保民宿收入覆盖所有运营成本
2	市场导向定价	即参考市场上同类产品的价格来设定自己的价格。客栈可以通过市场调研，了解竞争对手的定价水平和市场接受度，然后根据自身产品的特点和优势来确定价格。这种策略能够确保民宿价格与市场需求相符，从而提高客栈的市场竞争力
3	需求导向定价	即根据市场需求和顾客支付能力来确定价格。在需求旺季或节假日期间，客栈可以适当提高价格。此外，对于具有特色服务的客栈，也可以设定较高的价格
4	差异化定价	即根据不同的顾客群体、房间类型或服务等级来设定价格。例如，对于长期租住的顾客，可以给予一定的折扣；对于家庭或团队顾客，可以提供包房政策
5	促销定价	为了吸引新顾客或提高顾客回头率，民宿客栈可以采用促销定价策略。例如，推出限时优惠、特价房、连住优惠等活动，吸引顾客预订。这种策略有助于在短期内提高客栈的入住率和知名度

生意经

在制定定价策略时，除了上述内容外，民宿客栈还需要考虑其他因素，如目标顾客群体的消费能力、品牌定位、市场发展趋势等。同时，民宿客栈也要保持灵活性，根据市场变化和顾客需求及时调整定价策略，以确保民宿客栈的盈利能力和市场竞争力。

案例分享

　　××民宿客栈位于风景秀美的山区，以独特的建筑风格、舒适的住宿环境和优质的服务吸引了大量游客。然而，随着市场竞争的加剧和运营成本的上升，民宿客栈面临着成本控制和定价策略的双重挑战。为了保持竞争力和盈利能力，××民宿决定采取一系列成本控制与定价策略。

1.成本控制策略

　　（1）人力资源优化：××民宿客栈通过合理配置员工数量、提高员工工作效率和实行绩效考核制度，降低人工成本。同时，加强员工培训，提升服务质量，提高顾客满意度。

　　（2）物资采购与库存管理：客栈与可靠的供应商建立了长期合作关系，确保采购到价格合理、质量上乘的物资。通过精准的库存管理，减少库存积压和浪费，降低物资成本。

　　（3）能源节约与设施维护：客栈采用了节能设备，如LED灯具、节能空调等，并合理控制设备运行时间，降低能源消耗。同时，定期对设备设施进行维护和保养，延长设备设施的使用寿命。

　　（4）营销与宣传成本控制：××民宿利用社交媒体、在线预订平台等低成本渠道进行营销宣传，减少传统广告的投入。同时，与旅游机构合作，开展联合推广活动，提高客栈知名度。

2.定价策略

　　（1）成本导向定价：××民宿客栈首先根据运营成本计算出基础定价，然后加上一定的利润来确定价格，并根据市场需求和竞争状况不断调整。

　　（2）价值定价：××民宿客栈根据优美的自然环境、舒适的住宿体验和优质的服务，制定了略高于市场平均水平的价格，希望通过高品质的产品和服务，吸引更多游客。

（3）淡旺季定价：根据旅游市场的淡旺季，××民宿客栈灵活调整定价。在旺季时，适当提高价格，以应对需求的增长；在淡季时，通过降低价格吸引游客，提高入住率。

（4）促销定价：为了吸引更多游客，××民宿客栈在特定时间推出优惠活动，如折扣、套餐优惠等，提高客栈的知名度和市场份额。

3. 实施效果

通过实施成本控制与定价策略，××民宿客栈取得了显著成效。

（1）成本控制方面：通过优化人力资源、物资采购与库存管理、能源节约与设施维护以及营销与宣传成本控制等措施，成功降低了运营成本，提高了盈利能力。

（2）定价策略方面：根据成本导向定价、价值定价、淡旺季定价和促销定价等策略，××民宿客栈建定了合理的价格体系，既覆盖了运营成本，又实现了利润最大化。同时，通过提供高品质的产品和服务，吸引了更多游客，提高了市场竞争力。

案例点评：

在激烈的市场竞争中，民宿客栈需要注重成本控制和定价策略的制定与实施，以实现客栈的可持续发展。

第 8 章

安全管理与控制

关键词：
加强监管
定期巡查
迅速响应

通过实施全面而细致的安全管理与维护措施，可以确保民宿客栈的环境安全、舒适、卫生，为游客带来愉快的住宿体验。同时，也有助于提升民宿客栈的口碑和竞争力，从而吸引更多的游客前来入住。

【要点解读】▶▶▶-------------------------------------

1 住宿安全：平安守护，安心入住

民宿客栈应高度重视住宿的安全性，强化安全管理措施，提升安全防范水平，为游客提供一个安全、舒适、放心的住宿环境。这不仅有助于提升游客的满意度与忠诚度，还有助于民宿客栈树立良好的品牌形象，促进长期稳定的发展。

1.1 严格执行住宿登记制度

严格执行民宿客栈的住宿登记制度，是保障住宿安全、维护经营秩序的必要措施。通过采取表8-1所示的住宿登记措施，可以有效提高民宿客栈的住宿管理水平，为游客提供一个安全、舒适、合规的住宿环境。

表8-1　住宿登记的措施

序号	采取措施	具体说明
1	完善登记制度	民宿客栈应建立完善的住宿登记制度，要求所有入住顾客必须提供有效的身份证明文件，如身份证、护照等。前台工作人员应仔细核对证件信息，确保真实无误，并在住宿登记簿上详细记录每位顾客的信息，包括姓名、性别、年龄、证件号码、入住日期、离店日期等
2	加强身份验证	对于未带证件或证件不全的顾客，应要求其到辖区派出所开具身份证明。同时，民宿客栈还应利用现代科技手段，如人脸识别、电子身份验证等，提高身份验证的准确性和效率
3	保护个人信息	在收集、使用和存储顾客信息时，应严格遵守相关法律法规，确保顾客信息不被泄露。同时，民宿客栈还应定期对住宿登记簿和相关信息进行备份和保存，以备查验
4	特殊情况处理	对于团队入住、长住顾客等情况，客栈应制定相应的管理措施，确保信息登记的准确性和完整性。同时，对于未成年人入住，民宿客栈应严格遵守相关法律法规，确保未成年人的安全和权益得到保障
5	加强培训和监督	通过定期培训和考核，确保每位工作人员都能熟练掌握并严格执行住宿登记制度。同时，还应建立奖惩机制，对严格执行住宿登记制度的员工进行奖励，对违反规定的员工进行处罚

1.2 确保门窗安全

门窗是民宿客栈与外部环境的接口，其安全性直接影响顾客的人身和财产安全。因此，民宿客栈应该高度重视门窗的安全问题，可采取表8-2所示的措施。

表8-2 确保门窗安全的措施

序号	采取措施	具体说明
1	选择优质材料	使用高强度、抗冲击性能好的材料，如钢化玻璃或安全玻璃等。这些材料能有效防止外力冲击，提高客栈整体的安全性
2	结构设计合理	门窗开启的角度应在20°～30°，这样不仅可以保证良好的通风性，还能降低意外伤害的风险。同时，门窗应易于开启和关闭，可以考虑使用指压式窗锁
3	安装智能门锁	安装高科技识别（如密码、指纹、人脸识别等）门锁，确保只有授权人员才能进入民宿客栈
4	加装防护网或栅栏	在窗户和阳台等区域，可以加装防护网或栅栏，防止游客意外坠落或不法分子侵入
5	设置安全警示标识	在门窗附近设置明显的安全警示标识，提醒游客注意安全，避免发生意外事件
6	定期检查	应定期对门窗进行检查，包括锁具、玻璃、防护网等部件的完好性，一旦发现问题，及时进行维修或更换
7	定期维护	定期对门窗进行清洁和保养，使其处于良好的使用状态。同时，对于易损部件，如锁芯、把手等，应定期更换，确保其工作正常
8	游客安全教育	在游客入住时，可以向他们介绍门窗的使用方法和注意事项，提高他们的安全意识和自我保护能力

1.3 安装智能安全设施

民宿客栈的智能安全设施在提高住宿安全、优化安全管理以及提升顾客体验等方面扮演着至关重要的角色。表8-3所示是一些常见的智能安全设施。

表8-3 常见的智能安全设施

序号	安全设施	具体说明
1	智能监控系统	通过高清摄像头和智能分析软件,可以实现对客栈内外24小时实时监控。一旦发生异常情况,系统能够迅速发出警报并通知管理人员,可以有效预防各类安全风险
2	烟雾报警器与火灾探测器	这些设备能够实时检测烟雾和火灾隐患,一旦发现异常,立即发出警报,管理人员能够迅速采取应对措施,确保顾客的生命安全
3	智能报警系统	与智能门锁、监控系统等结合使用,可以实时检测非法入侵、火灾等情况,并自动触发报警机制,向管理人员和顾客发送警报信息
4	智能照明与节能系统	可以自动调节灯光亮度和色温,营造舒适的住宿环境,同时实现节能降耗。此外,该系统还能在检测到异常情况时自动开启应急照明,确保客人能够安全疏散
5	智能入住管理系统	通过线上平台实现预订、入住、退房等流程的自动化管理,提高管理效率。同时,该系统还能记录顾客信息,为客栈优化服务质量提供数据支持

2 餐饮安全:食品安全,健康无忧

民宿客栈应确保餐饮安全,让顾客吃得放心,吃得舒心,具体措施如图8-1所示。

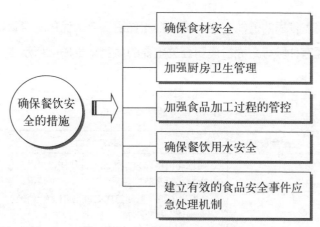

图8-1　确保餐饮安全的措施

2.1　确保食材安全

客栈应严格筛选食材供应商，供货商应具有合法资质，确保食材新鲜、无污染，并符合相关卫生标准。同时，客栈应建立完善的食材采购、验收和储存制度，防止过期、变质食材进入厨房。

生意经

民宿客栈应建立稳定的供货渠道，与信誉良好的供应商签订供货协议，明确各自的责任与义务。同时，根据每种食材的安全特性、潜在风险及预计用途，对供应商进行严格管理，确保食材来源可靠、品质安全。

2.2 加强厨房卫生管理

民宿客栈应定期对厨房进行全面清洁和消毒，确保厨房设施、餐具、厨具等无污渍、无异味。此外，厨房工作人员应注意个人卫生，穿戴干净的工作服和手套，避免交叉污染。

2.3 加强食品加工过程的管控

民宿客栈应制定严格的食品加工流程和操作规范，确保食材在加工过程中不受污染。同时，对食材进行充分的加热和烹饪，降低食物中毒的风险。

2.4 确保餐饮用水安全

民宿客栈应确保饮用水符合卫生标准，并定期对水质进行检测，防止水源污染。

2.5 建立有效的食品安全事故应急处理机制

民宿客栈应制定完善的食品安全事件应急预案，包括食物中毒的处置流程等，确保在发生食品安全事件时，客栈员工能够迅速、有效地应对，保障顾客的健康安全。

3 卫生安全：清洁卫生，环境舒适

民宿客栈应采取相应的措施确保客栈卫生达到标准，为游客提供一个安全、舒适、健康的住宿环境。这不仅有助于提升游客的满意度和忠诚度，还有助于提升民宿客栈的品牌形象和竞争力。

3.1 卫生管理制度的制定与执行

（1）制定严格的卫生管理制度，包括定期清洁、消毒和检查等流程。

（2）设立专职或兼职的卫生管理人员，负责监督卫生管理制度的执行情况。确保从业人员持有有效的健康体检证明和卫生知识培训合格证。

（3）在显眼的位置张贴公共场所卫生许可证及卫生信誉度等级牌。

3.2 客房卫生管理

（1）日常清洁。每日对客房进行全面清洁，包括地面、家具、门窗、卫生间等，确保房间无尘土、无污渍、无异味。

（2）用品更换。定期更换床单、被罩、枕套、毛巾等客用物品，确保房间干净、整洁。

（3）卫生间消毒。对马桶、洗手盆、淋浴间等部位进行深度清洁和消毒，确保卫生间无异味、无细菌残留。

3.3 公共区域卫生管理

（1）定期清洁。对大厅、走廊、楼梯等公共区域进行定期清洁，保持环境整洁。

（2）设施维护。对公共区域的设施进行定期维护和保养，如电梯、空调等，确保其运行正常，表面无灰尘。

（3）垃圾处理。配置垃圾收集和处理设施，定期清理垃圾，避免滋生细菌、产生异味。

3.4　员工卫生管理

（1）个人卫生。要求员工保持良好的个人卫生，如不留长指甲、穿戴整洁的工作服等。

（2）健康检查。定期组织员工进行健康检查，确保员工身体健康，无传染性疾病。

（3）培训与教育。加强员工的培训，提高员工的卫生管理意识。

3.5　监督与检查

（1）定期检查。定期对客栈的卫生状况进行检查和评估，确保卫生管理制度得到有效执行。

（2）顾客反馈。定期收集顾客的意见和建议，及时改进和优化卫生管理措施。

（3）第三方认证。积极获取相关的卫生管理认证或评级，提高民宿客栈的专业性和可信度。

4　消防安全：防范火灾，保障安全

民宿客栈的消防管理至关重要，它关系到游客和员工的生命财产安全，是民宿客栈安全运营的关键环节。如图8-2所示是一些重要的消防安全管理措施。

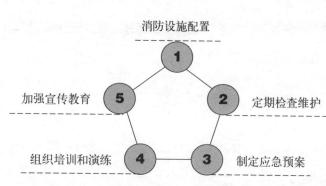

图8-2 消防安全管理措施

4.1 消防设施配置

民宿客栈应安装火灾报警器和自动喷水灭火系统等消防设施，并确保这些设施一直处于正常状态。这些设施能够及时发现初期火灾并控制火势，为人员逃生提供宝贵的时间。

4.2 定期检查维护

民宿客栈应定期进行消防设施的检查和维护施，如灭火器、消火栓等，确保其性能良好，能够在关键时刻发挥作用。

4.3 制定应急预案

民宿客栈应制定完善的消防安全制度和应急预案，明确各部门的消防安全职责。工作人员应熟悉预案内容，一旦发生火灾，能迅速启动应急预案，组织顾客进行疏散逃生。

4.4 组织培训和演练

为了提高员工的消防安全意识和应急处理能力，民宿客栈还应定期组织员工进行消防安全培训和应急演练。通过模拟火灾场景，让员工熟悉逃生路线和消防设施的使用方法，提高火灾处置能力。

4.5　加强宣传教育

民宿客栈应对游客进行消防安全教育，提醒他们注意防火，不使用大功率电器、不私拉乱接电线等。同时，民宿客栈还应在显眼的位置张贴消防安全提示和疏散指示标识，以方便游客在紧急情况下逃生。

5　建筑安全：稳固建筑，长久使用

民宿客栈的经营者应定期对房屋建筑进行全面检查和维护，以确保客栈建筑牢固，为游客和员工提供一个安全的住宿环境。

（1）民宿客栈应定期对建筑物的外观和结构进行安全检查，包括楼体墙壁、屋顶、地基、立柱等部位。若有裂缝、漏水、锈蚀等问题，应及时处理，以确保建筑物的稳定性。

（2）对于建筑物的保温、隔热、防潮、防霉等材料，也需要进行定期检查和维护。这些材料的性能直接影响室内的环境。

（3）电器设备和线路的维护同样重要。民宿客栈应定期检查电线、插座、开关，及时更换老化、损坏的零部件，确保电器设备安全可靠。同时，也应对用电安全隐患进行排查，防止火灾等事故的发生。

（4）民宿客栈应定期检查和维护消防设备，如灭火器、消火栓、烟雾报警器等，确保其始终保持正常状态。同时，安全门锁、监控设备等也应得到妥善的维护和保养，以提高民宿客栈的安全保障水平。

（5）对民宿客栈的绿化区域，也应进行定期维护，包括修剪花草树木、清理落叶杂草等，以确保庭院干净整齐，为游客提供一个舒适宜人的住宿环境。

 案例分享

　　××民宿客栈位于风景优美的乡村，以独特的建筑风格、优质的服务和宜人的环境吸引了众多游客。然而，随着近年来旅游业的快速发展，客栈的客流量大幅增加，安全管理问题也逐渐凸显。为了提升客栈的安全水平，确保游客的人身和财产安全，××民宿客栈采取了一系列安全管理措施。

　　（1）建立全面的监控系统。

　　××民宿客栈在关键区域安装了高清摄像头，并配置了智能分析软件，实行24小时不间断监控。同时，还引入了人脸识别技术，对出入人员进行自动识别和记录，提高了安全管理的效率和准确性。

　　（2）加强门禁管理。

　　××民宿客栈升级了门禁系统，用智能门锁取代了传统的钥匙管理，游客可刷卡进入。此外，客栈还加强了入住登记管理，要求每位游客在入住时必须提供有效的身份证件，并对游客信息进行详细登记。

　　（3）增设紧急报警装置。

　　××民宿客栈在客房、走廊等关键位置增设了紧急报警装置，游客在遇到紧急情况时可以迅速触发报警，工作人员会立即采取相应措施。

（4）定期开展安全巡查。

××民宿客栈制定了定期安全巡查制度，由专人负责对民宿客栈的消防设施、电器设备、监控设备等进行全面检查，确保设备正常运行，符合安全管理标准。

（5）提高员工的安全意识。

××民宿客栈定期组织员工进行安全知识学习和应急演练，以提高员工的安全意识和突发事件的处置能力。

案例点评：

通过采取一系列安全管理措施，××民宿客栈提升了安全管理水平，为游客提供了一个更加安全、放心的住宿环境。因此，加强安全管理是民宿客栈持续发展的重要保障。

第 9 章

营销策略与推广

关键词:
增加曝光率
提高预订量
提升知名度

民宿客栈的营销推广不仅有助于提升客栈知名度和品牌形象,还能够巩固客栈的市场地位。对此,民宿客栈经营者应该高度重视营销推广工作,制定科学的营销策略和推广计划,以实现可持续发展。

【要点解读】 ▶▶▶ -

1 优化价格策略: 灵活定价, 吸引客流

优化价格策略可以使民宿客栈更加精准地定位目标市场,实现更高的入住率和客房收入。经营者应深入分析运营成本和市场需求,制定更具竞争力的价格策略,提升客栈的经营效益,实现盈利最大化。一般来说,民宿客栈可以采取图9-1所示的价格优化策略。

1.1 进行动态调整

了解竞争对手的定价策略、设施条件、服务水平等信息,以便制定更具竞争力的价格策略。同时,关注行业的价格变动趋势,及时调整自身价格策略。

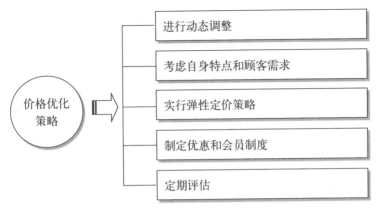

图9-1 价格优化策略

1.2 考虑自身特点和顾客需求

民宿客栈应根据自身特点和目标顾客群来制定价格，还要考虑地理位置、设施条件、服务水平、房间类型等因素。对于位于热门旅游城市或市中心繁华区域的民宿客栈，房间价格相对较高；而对于设施简单或位置较偏远的民宿客栈，房间价格则较为亲民。

1.3 实行弹性定价策略

应根据市场需求和顾客预订情况，灵活调整房间价格。在旺季或节假日期间，可以适当提高价格，增加收益；而在淡季，则可以通过降价或
优惠活动来吸引顾客。

1.4 制定优惠和会员制度

民宿客栈应对长期租赁的顾客，提供一定的租金优惠或折扣；

同时，还可以建立会员制度，为会员提供积分累积、免费升级、专属优惠等福利，以增加顾客的黏性和忠诚度。

1.5 定期评估

经营者应定期评估价格策略的有效性，并及时进行调整。同时，关注顾客意见反馈和市场变化，通过数据分析来评估价格策略对客栈收益和顾客满意度的影响，以便作出更合理的决策。

2 口碑营销：口碑相传，树立形象

口碑营销是指民宿客栈在提供优质服务的基础上，积极运用各种策略和手段来提升客栈的口碑和形象。通过采取图9-2所示的措

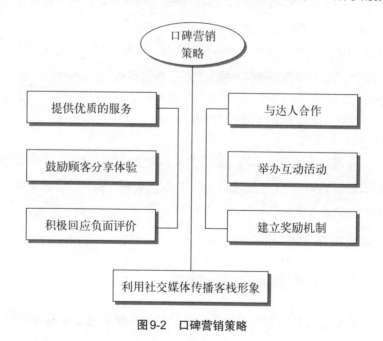

图9-2 口碑营销策略

施，民宿客栈可以逐步树立良好的口碑形象，吸引更多潜在顾客的关注。

2.1　提供优质的服务

优质的服务是口碑营销的核心。民宿客栈应确保顾客在客栈中获得温馨、舒适和便捷的住宿体验。在房间清洁、设施配备、餐饮服务等方面，力求做到完美。同时，提高员工的服务意识，为顾客主动提供帮助。

2.2　鼓励顾客分享体验

在顾客离店后，可通过电子邮件或短信等方式邀请他们分享住宿体验，并鼓励他们在各大旅游平台、社交媒体或民宿客栈官方网站上留下评价。为了激励顾客积极评价，客栈可以提供一些优惠或礼品作为回报。

2.3　积极回应负面评价

面对负面评价，客栈员工应保持冷静和专业的态度，详细记录顾客的意见，并及时回应，以展现出民宿客栈真诚和负责任的态度，赢得更多顾客的信任。

2.4　利用社交媒体传播客栈形象

应充分利用社交媒体平台，如微博、微信、抖音等，发布民宿客栈的照片、视频和故事，展示其独特魅力和优势。同时，关注并

回复顾客的评论和提问，积极与他们互动，提高民宿客栈的知名度
和口碑。

2.5　与达人合作

与旅游博主、达人或达人建立合作关系，邀请他们来民宿客栈
体验并分享给粉丝。这些达人的推荐和评价往往具有很高的影响力，
有助于提升民宿客栈的口碑。

2.6　举办互动活动

定期举办一些有特色的互动活动，如民宿文化体验、主题派对
等，吸引顾客参与。这些活动不仅能增强顾客与民宿客栈的互动，
还能提升口碑传播效果。

2.7　建立奖励机制

为了鼓励顾客积极参与口碑营销，民宿客栈可以建立一定的奖
励机制。例如，对于分享评价或邀请朋友入住的顾客，提供一定的
折扣或礼品作为奖励。

3　与在线平台合作：合作共赢，拓展市场

民宿客栈与在线平台合作，具有显著的优势，有助于增加民宿
客栈的曝光率、提高预订量、提升用户体验。图9-3所示是民宿客
栈与在线平台合作的要点。

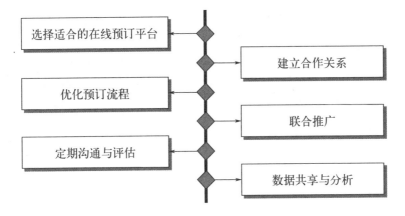

图9-3　民宿客栈与在线平台合作的要点

3.1　选择适合的在线预订平台

民宿客栈应根据自身的定位和目标顾客群体，选择与之匹配的在线预订平台。如果民宿客栈的目标顾客主要是年轻人，那么可以选择受年轻人欢迎的在线预订平台。

3.2　建立合作关系

双方应就合作的具体事宜进行深入的沟通和协商，明确各自的权利和义务，如合作期限、分成比例、推广策略等，并签订合作协议。

3.3　上传房源信息

民宿客栈应将详细的房源信息，包括房间类型、价格、设施、周边环境等，上传至在线预订平台，并确保信息的准确性和实时性。

3.4　联合推广

双方可以利用各自的优势资源进行联合推广。例如，在线预订平台可以在自己的网站或APP首页推荐民宿客栈，民宿客栈也可以向顾客宣传在线预订平台。通过合作推广，双方能够有效地提高品牌知名度和影响力。

3.5　优化预订流程

双方应共同优化预订流程，确保用户能够方便快捷地完成预订。同时，双方应确保用户的个人信息不被泄露。

3.6　数据共享与分析

通过合作，双方可以共享用户数据，并进行深度分析，以了解用户的需求和行为特点，帮助双方优化产品和服务，提升用户体验和满意度。

3.7　定期沟通与评估

双方应建立沟通机制，定期就合作进展、存在的问题进行交流，并对合作效果进行评估，以便及时调整合作策略，优化工作流程。

4　社交媒体推广：互动传播，扩大影响

社交媒体推广是一种高效且效果显著的营销策略，有助于扩大客栈的品牌知名度，吸引潜在顾客，并提高预订量，具体实施要点如图9-4所示。

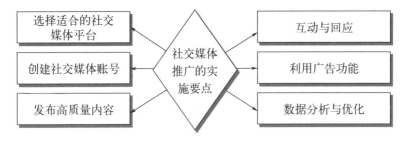

图9-4 社交媒体推广的实施要点

4.1 选择适合的社交媒体平台

根据目标顾客的特点和喜好，选择合适的社交媒体平台进行推广。例如，年轻人可能更喜欢使用微博、小红书，而中老年人可能更倾向于微信、抖音。民宿客栈应确保在平台上发布高质量、有趣且与客栈相关的内容。

4.2 创建社交媒体账号

民宿客栈应在社交媒体平台上创建一个专业的账号，确保头像、封面和简介等信息清晰、准确且吸引人。同时，保持账号的活跃度，定期发布内容并与粉丝互动。

4.3 发布高质量内容

民宿客栈应制作并发布高质量的图片、视频和文字等内容，以展示民宿客栈的特色、环境和服务。最好利用有趣的故事来吸引粉丝关注。同时，结合热门话题和节假日推出相关活动，增加客栈曝光度。

4.4 互动与回应

积极与粉丝互动，回复粉丝的评论、私信和提问，展示热情和专业。这有助于建立良好的品牌形象和口碑，吸引更多潜在顾客。同时，关注粉丝的反馈和建议，不断优化服务和产品。

4.5 利用广告功能

利用社交媒体平台的广告功能，精准投放广告，扩大品牌曝光度。根据目标顾客的兴趣、年龄、地理位置等信息进行定向投放，提升广告效果。

4.6 数据分析与优化

定期分析社交媒体推广的数据，包括粉丝数量、互动量、转化率等，了解推广效果。根据数据分析结果，调整发布策略、优化内容形式，提高推广效果。

5 搜索引擎推广：精准投放，提升曝光

民宿客栈的搜索引擎推广是提升品牌知名度、吸引潜在顾客和提高预订量的重要手段。如图9-5所示的是搜索引擎推广要点。

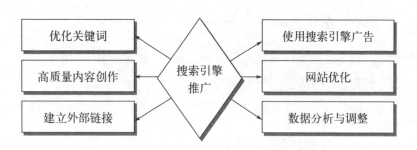

图9-5 搜索引擎推广

5.1 优化关键词

首先，需要深入研究目标顾客的搜索习惯和需求，确定与民宿客栈相关的关键词。这些关键词应涵盖民宿的特色、地理位置、价格范围等各个方面。然后，在网站内容、标题、描述等板块合理地布局这些关键词，以提高网站在搜索引擎中的排名。

5.2 高质量内容创作

搜索引擎喜欢独特、有价值的内容。因此，定期发布高质量的博客文章、图片和视频等内容，有助于提升网站在搜索引擎中的权重。同时，确保这些内容与民宿客栈的品牌形象和目标顾客群体相契合。

5.3 建立外部链接

与其他旅游网站、博客或论坛建立合作关系，互相推荐和互链，有助于提高网站的知名度和搜索权重。此外，参与旅游行业的线上线下活动，与其他业内人士建立联系，也有助于建立外部链接。

5.4 使用搜索引擎广告

如携程、途家、去哪儿等搜索引擎有助于民宿客栈快速提高曝光度。通过设置精准的关键词、明确广告定位，将广告展示给潜在顾客。同时，不断优化广告内容和投放策略，以提升广告效果。

5.5 网站优化

确保网站结构清晰、导航方便，以便搜索引擎能够顺利抓取网站内容。此外，优化网站的加载速度、提高用户体验也是提升搜索引擎排名的重要因素。

5.6　数据分析与调整

定期分析搜索引擎推广的数据，包括关键词排名、点击率、转化率等，了解推广效果。根据数据分析结果，及时调整关键词策略、优化网站内容和结构，以提高推广效果。

6　微信推广：微信营销，高效互动

在微信推广方面，民宿客栈可以采取多种策略来扩大品牌知名度、吸引潜在顾客并提升预订量。

6.1　微信公众号运营

微信公众号运营要点如表9-1所示。

表9-1　微信公众号运营要点

序号	运营要点	具体说明
1	打造专业品牌形象	精心策划公众号内容，确保品质上乘，全面展现民宿的独特风格与鲜明特色，以塑造专业且引人入胜的品牌形象
2	发布优质内容	发布涵盖民宿详细介绍、周边环境描绘、旅游攻略指南以及活动信息等多维度的内容，同时巧妙融合图文、视频等多元形式，大幅增强内容的吸引力和可读性
3	互动与回应	积极回应粉丝的每一条评论和疑问，建立紧密的双向沟通，从而增强用户黏性和品牌忠诚度

序号	运营要点	具体说明
4	引导订房	在公众号中巧妙嵌入预订系统，为用户提供一个直观、便捷的预订体验，帮助他们快速完成预订，享受无忧入住的便捷服务

6.2　微信小程序推广

微信小程序推广要点如表9-2所示。

表9-2　微信小程序推广要点

序号	推广要点	具体说明
1	开发功能完善的小程序	精心打造功能完善的小程序，确保用户能够轻松浏览民宿信息、便捷进行预订操作，并随时查看订单状态，为他们的旅程提供全方位的便捷服务
2	优化用户体验	不断优化操作流程，加快页面加载速度，确保用户在使用小程序时能够享受到流畅、顺畅的体验，提升他们的满意度和忠诚度
3	推广与活动	借助小程序平台，推出各种优惠活动、限时折扣等，吸引用户尝试使用并鼓励他们分享给朋友，从而扩大用户群体，提升品牌知名度

6.3　微信广告与投放

利通过微信朋友圈广告和公众号广告，实施精准投放策略，依据目标顾客的兴趣偏好与地理位置进行定制化推广。持续监测广告效果，利用数据分析调整投放策略，力求提升广告的点击率和转化率。

6.4　社群营销

积极建立或参与旅游相关的微信群聊，与潜在消费者和粉丝保持紧密互动，分享民宿特色与旅游攻略。在社群内策划丰富多样的活动和话题讨论，旨在提升民宿品牌的曝光度与用户参与度。

6.5　数据分析与优化

定期深入剖析微信推广的各项数据指标，如阅读量、转发量、预订量等，全面评估推广成效。基于数据分析结果，灵活调整推广策略和内容布局，持续优化用户体验，提升转化率。

生意经

在实施以上推广策略时，需要注意保持内容的真实性、合法性和诚信度，避免夸大宣传或误导用户。同时，也要关注用户体验和反馈，不断改进和优化推广策略，以实现最佳的推广效果。

7 合作联盟推广：联手合作，共谋发展

民宿客栈的合作联盟推广是一种高效且富有成效的营销策略，通过与其他相关产业或品牌进行合作，共同推广民宿，实现资源共享、互利共赢。

7.1　合作与联盟的重要性

合作与联盟的重要性表现如图9-6所示。

1	资源共享	通过合作与联盟,民宿客栈可以共享资源,如客源、供应链、市场推广渠道等,降低运营成本,提高运营效率
2	优势互补	不同的民宿客栈或合作伙伴可能具有不同的优势,如地理位置、特色服务、品牌影响力等。通过合作与联盟,可以实现优势互补,提升整体竞争力
3	市场拓展	合作与联盟有助于民宿客栈拓展市场,覆盖更广泛的区域和目标顾客群,实现规模经济

图9-6　合作与联盟的重要性

7.2　合作与联盟的策略

民宿客栈在扩张过程中,可以采取如表9-3所示的策略。

表9-3　合作与联盟的策略

序号	策略	具体说明
1	跨行业合作	与旅游景点、餐饮企业、交通运营商等各行业建立紧密合作关系,共同构建全方位旅游生态圈,实现服务一体化,从而显著提升游客的旅行体验
2	品牌联盟	积极与业界领先的民宿品牌或连锁酒店构建品牌联盟,实现品牌资源共享,旨在进一步增强品牌影响力,提高市场知名度
3	线上平台合作	与在线旅游平台、民宿预订平台等合作,利用其流量优势和推广资源,吸引更多潜在顾客
4	地方政府合作	与地方政府及旅游局紧密合作,争取政策扶持,参与地方旅游推广项目,以此提升民宿客栈的公众认知度和市场影响力

7.3 合作与联盟的实施步骤

合作与联盟的实施步骤如图9-7所示。

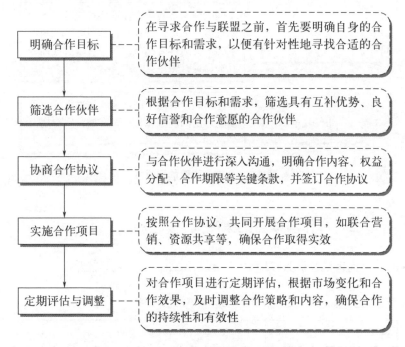

图9-7 合作与联盟的实施步骤

7.4 实施合作联盟的注意事项

在实施合作联盟推广时，民宿客栈还需要注意图9-8所示的几点。

通过合作联盟推广，民宿客栈可以扩大市场份额、提高知名度，进而提升业绩。同时，这也是一种有效的资源整合方式，有助于提升整个旅游产业的竞争力。

1	保持品牌一致性	合作内容应与民宿客栈的品牌形象和定位相符合，确保合作活动的质量和效果
2	保持灵活性和创新性	因市场环境与顾客需求的不断变化，民宿应保持灵活性与创新性，与合作伙伴共同探索合作方式与推广手段
3	保持良好沟通	与合作伙伴保持良好的沟通，及时解决合作过程中出现的问题和困难
4	分享资源与利益	在合作过程中，实现资源共享和利益共赢，确保合作的长期稳定发展

图9-8　实施合作联盟的注意事项

相关链接

民宿与周边产业合作案例

民宿客栈与周边产业的合作是一种富有创意和实效的发展策略，有助于提升民宿客栈的服务质量和吸引力，同时也为周边产业带来新的发展机遇。

1. 与旅游业合作

与当地旅行社、在线旅游平台等建立合作关系，共同推广旅游线路和产品。民宿客栈可以提供特色住宿体验，而旅行社和在线平台则可以提供客源和市场营销支持。双方可以共同策划主题活动，如文化体验、户外探险等，以吸引更多游客。

2.与餐饮业合作

与当地特色餐厅等合作，为顾客提供丰富的餐饮选择。可以在民宿客栈内设立特色餐饮区，或者与周边餐厅合作提供送餐服务。此外，还可以共同举办美食节、烹饪课程等活动，增加顾客黏性。

3.与农业、手工业合作

与当地的农场、果园、手工艺品作坊等合作，引入农产品和手工艺品等特色商品。这些商品可以作为民宿客栈的纪念品或礼品销售，也可以作为客房的配套服务。同时，可以邀请顾客参观农场、果园、手工作坊等，体验采摘、手工等乐趣。

4.与交通、物流合作

与当地的交通公司、物流公司等合作，提供便捷的交通和物流服务。例如，可以提供接送机服务、包车游览服务等，方便顾客的出行。同时，可以与物流公司合作，为顾客提供行李寄送、土特产邮寄等服务。

5.与文化、教育机构合作

与当地的文化机构、教育机构等合作，开展文化讲座、手工艺制作课程、当地历史介绍等活动。这样不仅可以丰富顾客的文化体验，还可以使民宿客栈寓教于乐，增加附加值。

6.跨界合作与创新

积极寻求与其他行业的跨界合作机会，如与书店、咖啡馆、艺术馆等合作，打造复合型休闲空间。此外，可以探索新的合作模式和创新点，如开发联名产品、举办联合活动等，以吸引更多顾客。

8 博主与达人合作：借助影响力，提升知名度

民宿客栈与旅游博主或达人合作是一种高效且具有针对性的营销策略。这种合作方式可以充分利用旅游博主或达人的影响力，吸引更多潜在顾客，提升民宿客栈的知名度和口碑。具体实施要点如图9-9所示。

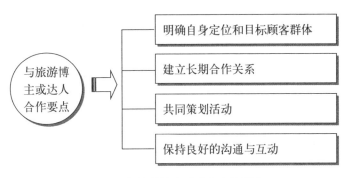

图9-9 与旅游博主或达人合作要点

8.1 明确自身定位和目标顾客群体

民宿客栈需要明确自身的定位和目标顾客群体，以便找到与之匹配的旅游博主或达人。这些博主或达人应该与民宿客栈的风格、特色和目标顾客相契合，以便更好地传递民宿客栈的价值和魅力。

8.2　建立长期合作关系

民宿客栈可以与旅游博主或达人建立长期稳定的合作关系。双方可以签订合作协议，明确合作的期限、内容、方式及权益分配等事项。这样可以确保合作过程中的权益得到保障，同时也有助于建立更深入的合作关系。

在合作过程中，民宿客栈可以邀请旅游博主或达人前来体验，并鼓励他们通过博客、社交媒体等渠道分享他们的真实体验和感受。这些分享可以包括精美的图片、生动的文字描述、有趣的视频等，以吸引更多潜在顾客的关注。

8.3　共同策划活动

民宿客栈可以与旅游博主或达人共同策划一些特色活动或优惠促销，以吸引更多顾客前来体验。例如，可以推出"博主推荐优惠""博主粉丝专享福利"等活动，增加顾客的参与度和忠诚度。

8.4　保持良好的沟通与互动

民宿客栈需要注意与旅游博主或达人保持良好的沟通和互动，及时反馈合作效果，并根据实际情况调整合作策略。这样可以确保合作效果最大化，实现双方共赢。

> ### 生意经
>
> 　　与旅游博主或达人合作可以为民宿客栈带来更多的曝光和潜在顾客，提升品牌知名度和口碑。民宿客栈应该积极寻找合适的合作对象，建立稳定的合作关系，并充分利用他们的影响力来推广自己的业务。

选择合适的博主或达人的方法

1.分析受众匹配度

分析博主或达人的粉丝群体,确保他们的受众与民宿客栈的目标顾客群体相吻合。例如,如果民宿客栈主要面向年轻情侣或家庭顾客,那么选择拥有这类粉丝群体的博主将更为合适。

2.考察内容质量与风格

评估博主或达人发布的内容质量,包括文字、图片和视频等。优质的内容能够吸引更多潜在顾客的关注。

检查他们的内容风格是否与民宿客栈的品牌和形象相符。一致的风格能够增强品牌印象,提高顾客转化率。

3.考虑影响力与知名度

考虑博主或达人在社交媒体平台上的粉丝数量、互动率以及影响力指数。高影响力的博主能够为民宿客栈带来更多的曝光和关注。

了解合作的博主或达人在旅游行业的知名度,以及是否曾与其他成功品牌合作过。

4.了解合作意愿与专业性

与博主或达人进行沟通,了解他们的合作意愿和对民宿行业的了解程度。确保他们愿意为您的民宿客栈投入时间和精力,并能够提供专业的推广建议。

5.成本效益分析

考虑合作所需的成本，包括支付给博主或达人的费用、合作期间的其他投入等。确保合作带来的收益能够覆盖成本，实现良好的投资回报率。

6.了解信誉与口碑

了解博主或达人的信誉和口碑，确保他们没有涉及负面新闻或争议。一个具有良好声誉的博主能够增强用户对民宿客栈的信任度。

7.进行案例分析

查阅博主或达人过往的合作案例，了解他们与类似品牌合作的效果和成果。这有助于您更好地评估他们的合作能力和潜力。

总之，选择合适的博主或达人需要综合考虑多个因素。民宿客栈经营者最好制定一个详细的筛选标准，并根据这些标准逐一评估潜在的合作对象。同时，保持开放和灵活的态度，以便在合作过程中根据实际情况进行调整和优化。

9 短视频推广：短视频引流，快速传播

民宿客栈的短视频推广是一种高效且富有创意的营销策略，能够直观地展示民宿的特色和优势，吸引潜在顾客的关注。具体实施要点如图9-10所示。

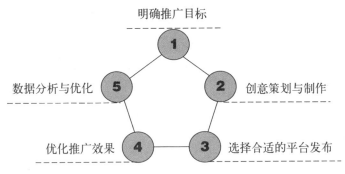

图9-10　短视频推广实施要点

9.1　明确推广目标

在制订短视频推广计划之前，首先要明确推广目标，如增加品牌曝光度、提高预订量、吸引特定顾客群体等。这有助于确定短视频的内容和风格，使其更符合目标受众的需求和喜好。

9.2　创意策划与制作

（1）内容策划。短视频内容应围绕民宿客栈的特色和卖点展开，如可以展示优美的环境、舒适的房间、独特的设施、丰富的活动等。同时，可以融入一些有趣的故事或情节，增加视频的趣味性和吸引力。

（2）拍摄与剪辑。采用高清摄像设备进行拍摄，确保画面质量。在剪辑过程中，注意节奏感和画面切换的流畅性，使视频更具观赏性。同时，可以添加一些特效和音乐，提升视频的质感。

9.3　选择合适的平台发布

（1）短视频平台。如抖音、快手等，这些平台拥有庞大的用户群体和高度活跃的社交氛围，非常适合民宿客栈的短视频推广。

（2）社交媒体。在微信、微博等社交媒体上发布短视频，可以吸引更多潜在顾客的关注。同时，可以与其他旅游博主或达人合作，邀请他们分享和转发视频，扩大传播范围。

9.4　优化推广效果

（1）标题与描述。为短视频设置吸引人的标题和描述，突出民宿客栈的特色和卖点，提高用户点击率。

（2）标签与关键词。合理使用标签和关键词，增加视频的曝光度。可以选择一些与旅游、民宿相关的热门标签，或者根据目标受众的兴趣和需求来设置关键词。

（3）互动与反馈。鼓励观众在评论区留言、分享和点赞，积极回应他们的反馈和建议。这有助于民宿客栈建立良好的品牌形象和口碑，吸引更多潜在顾客。

9.5　数据分析与优化

定期分析短视频的观看量、点赞量、分享量等数据，了解推广效果。根据数据分析结果，调整内容策划、发布策略等，不断优化推广效果。

案例分享

××民宿位于城郊一片树林之中，以其独特的建筑风格、宁静的环境和贴心的服务吸引着众多游客。然而，由于市场竞争激烈，加上地理位置相对偏远，民宿的知名度和预订量一直未能达到预期。为了突破这一困境，××民宿决定采用整合营销策略，通过综合运用多种推广手段，提升品牌知名度和吸引力。

1.策略制定

（1）目标市场定位。××民宿将目标市场定位为追求自然、宁静和独特体验的游客，主要包括年轻白领、家庭游客和摄影爱好者。

（2）多渠道营销。结合线上和线下多个渠道进行推广，包括官方网站、社交媒体、旅游预订平台、户外广告等。

（3）内容营销。制作高质量的图文、视频内容，展示民宿的环境、设施和服务，同时结合旅游攻略、旅行故事等内容，吸引潜在顾客的兴趣。

（4）合作与联盟。与周边景区、旅行社等建立合作关系，共同推广，实现资源共享和互利共赢。

2.执行过程

（1）线上推广。

① 官方网站优化。提升网站的用户体验，增加民宿介绍、房型展示、预订系统等功能，方便顾客了解并预订民宿。

② 社交媒体运营。在微博、微信、抖音等社交媒体平台发布精美的图片和视频，展示民宿的独特魅力。同时，与粉丝互动，回答疑问，提供旅行建议。

③ 旅游预订平台合作。与携程、去哪儿网等旅游预订平台合作，提供优惠活动和专属折扣，吸引更多顾客预订。

（2）线下推广。

① 户外广告投放。在主要交通干线和周边景区设置户外广告

牌，增加民宿的曝光度。

②举办活动。定期组织亲子活动、摄影比赛等，吸引目标顾客群体参与，提升民宿的知名度和口碑。

（3）合作与联盟。

①与景区合作。与周边知名景区建立合作关系，推出联合套票和优惠活动，吸引游客前来体验。

②与旅行社合作。将××民宿纳入旅行社的旅游线路中，为民宿带来更多客源。

（4）口碑营销。

①鼓励顾客评价。在顾客离店后，邀请他们在各大平台留下评价，分享入住体验。对于积极评价的顾客，提供一定的优惠或礼品作为回报。

②建立会员制度。设立会员制度，为会员提供积分累积、免费升级、专属优惠等福利，增加顾客黏性和忠诚度。

3.效果评估

经过一段时间的整合营销推广，××民宿取得了显著成果：

（1）品牌知名度提升。民宿的知名度和曝光度明显增加，吸引了更多潜在顾客的关注。

（2）预订量增长。预订量呈现出稳步增长的趋势，尤其是线上预订量增长显著。

（3）顾客满意度提高。通过优化服务和提升顾客体验，顾客满意度得到进一步提升，为民宿赢得了良好的口碑。

案例点评：

通过整合营销策略的推广，××民宿成功突破了市场困境，提升了品牌知名度和吸引力。未来，××民宿将继续关注市场动态和顾客需求，不断优化营销策略和推广手段，为游客提供更加优质的住宿体验。同时，也将探索更多创新的营销方式，以应对日益激烈的市场竞争。

第 10 章

顾客服务
与管理

关键词：
热情待客
真诚服务
关系维护

民宿客栈的顾客服务与管理对于提升顾客满意度、增强品牌影响力以及实现长期稳定发展具有重要意义。通过不断优化服务流程、提升服务质量、加强顾客管理，民宿客栈可以在激烈的市场竞争中脱颖而出，赢得更多顾客的支持和信任。

【要点解读】▶▶▶ -

1 热情接待：微笑服务，宾至如归

民宿客栈的接待工作是一项细致且重要的任务，它涉及从顾客预订到离店的全过程。

1.1 预订阶段

在预订阶段，民宿应提供清晰的预订渠道和详细的预订信息，以便顾客了解房间类型、价格、入住政策等。在收到顾客的预订请求后，民宿客栈经营者应及时确认房间可用性，并提供预订确认信息。

1.2 顾客到店时

当顾客按照预订日期到达民宿时，前台接待员应热情迎接，并核对顾客的身份证或护照等有效证件。随后，填写入住登记表，办理入住手续，包括签订住宿协议、收取押金等。同时，前台接待员应详细向顾客介绍民宿的各项服务设施、使用规则等，确保顾客对民宿的设施和服务有充分的了解。

1.3 入住期间

在顾客入住期间，民宿客栈应提供周到的服务。

例如，民宿管家可以与顾客保持联系，询问他们的饮食偏好和特殊需求，以便提供个性化的服务。

此外，民宿客栈还应提供舒适的房间环境，包括适宜的温度、干净的床品、齐全的洗漱用品等。在公共区域，可以提供咖啡、茶水等饮品，以及书籍、杂志等休闲阅读物。

对于顾客的游玩需求，民宿客栈可以提供游玩指导服务，帮助顾客规划行程并根据情况提供陪同游玩。同时，提供租借自行车等服务，方便顾客游览观光。

1.4 顾客离店时

在顾客离店时，民宿客栈应确保办理退房手续的高效和顺畅。前台接待员应检查房间设施是否完好，退还押金，并感谢顾客的入住。同时，可以提供行李寄存服务，以便顾客能自由游玩周边景点。

生意经

民宿客栈的顾客接待工作应始终以顾客的需求为导向，努力创造舒适、温馨的住宿环境，提升顾客的满意度和忠诚度。

② 服务礼仪：规范操作，提升品质

民宿客栈的服务礼仪涵盖了仪容仪表、举止、沟通等多个方面。民宿客栈员工应通过细致入微的服务和热情友好的态度，为顾客创造舒适、温馨的住宿环境，提升顾客的满意度和忠诚度。具体要求如图10-1所示。

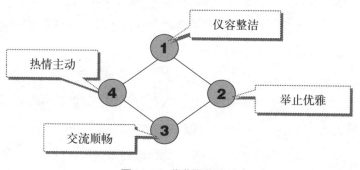

仪容整洁

热情主动

举止优雅

交流顺畅

图10-1　谨遵服务礼仪

2.1　仪容整洁

民宿员工应保持整洁的仪容仪表，发型简洁干净，面部修饰不宜过浓过艳。在服饰方面，应选择得体的服装，注意颜色搭配和场合的适宜性。避免穿着领口较低或太紧身的衣服，以及无领、无袖的服装。在正式场合，员工应避免光腿或穿着黑色或镂空带花纹的丝袜。鞋子的选择也应注意，鞋跟不宜过高或过细，要与服装相协调。

2.2 举止优雅

在举止方面，员工应展现出优雅的风度。站立时要保持挺拔的姿态，坐下时要保持端正的坐姿，行走时要保持稳定的步伐。同时，微笑是人际交往的重要通行证，员工应保持热情友好的微笑，与顾客进行目光交流，并正确称呼顾客以示尊重。

2.3 交流顺畅

在与顾客沟通时，员工应掌握一些沟通技巧。例如，在与顾客交流时，可以围绕顾客和民宿展开话题，分享个人经历或介绍民宿的特色，以拉近与顾客的情感联系。在传递坏消息时，应使用婉约的方式，避免直接说出"问题"或"麻烦"等字眼，而是用积极的语言与顾客共同应对挑战。

2.4 热情主动

在接待顾客时，员工应热情迎接并主动提供帮助。对于顾客的询问和需求，要耐心解答和满足。在顾客入住期间，员工应提供周到的服务，如介绍房间设施、提供旅游建议等。同时，要保护顾客的隐私，不泄露顾客信息、不随意进入顾客的房间或打扰顾客休息。

3 完善流程：优化流程，提升效率

完善的服务流程，可以提升顾客的满意度和忠诚度，为顾客创造更加舒适、温馨的住宿体验。为了完善民宿客栈的服务流程，可以考虑表10-1所示的几个方面实施。

表10-1 完善服务流程的实施要点

序号	实施要点	具体说明
1	预订与确认	（1）预订渠道优化：确保预订渠道畅通无阻，无论是线上平台还是电话预订，都应确保顾客能够方便快捷地完成预订 （2）预订信息确认：在接收到预订后，及时与顾客确认预订信息，包括入住日期、房型、人数等，确保信息的准确无误
2	迎接与入住	（1）热情迎接：在顾客到达时，前台或民宿管家应热情迎接，并主动帮助顾客搬运行李 （2）入住手续简化：简化入住手续，提供快速便捷的入住体验，如通过电子方式完成登记和支付。
3	房间服务	（1）房间清洁与整理：确保房间在顾客入住前已经彻底清洁；床单、毛巾等用品干净整洁。在顾客入住期间，定期进行房间清洁，确保住宿环境的舒适 （2）个性化服务：根据顾客的喜好和需求，提供个性化的房间布置和服务，如特定的床上用品、洗漱用品、鲜花、水果等
4	餐饮服务	（1）餐饮选择多样化：提供多样化的餐饮选择，包括西餐、中餐，满足不同顾客的口味需求 （2）饮食安全与健康：确保食材的新鲜和卫生，提供健康营养的餐饮
5	休闲娱乐服务	（1）设施完善：提供完善的休闲娱乐设施，如电视、Wi-Fi、书籍、桌游等，让顾客在闲暇时能够享受愉快的时光 （2）活动组织：定期组织一些有趣的活动，如烧烤晚会、徒步旅行等，增进顾客之间的互动和友谊
6	离店服务	（1）退房手续简化：简化退房手续，快速处理顾客的退房需求，确保顾客能够顺利离店 （2）意见收集与反馈：在顾客离店前，收集顾客对民宿的意见和建议，以便不断改进服务质量

4 增值服务：增值服务，提升体验

民宿客栈的增值服务是提升顾客体验、增加收益的重要途径。如表10-2所示的是一些常见的民宿客栈增值服务。

表10-2　增值服务项目

序号	服务项目	具体说明
1	特色美食服务	提供当地特色美食，让顾客在品尝美食的同时，也能感受到当地的文化氛围。可以推出特色早餐、主题晚餐或者农家饭等，让顾客在民宿中享受到独特的餐饮体验
2	文化体验活动	组织各类文化体验活动，如茶艺表演、手工艺制作、当地舞蹈表演等，让顾客在参与中了解当地的文化传统，增加旅行的乐趣
3	旅游咨询服务	提供旅游咨询服务，为顾客规划行程，推荐当地景点和特色活动。这不仅可以增加顾客对民宿的信任度，还可以带动周边旅游业务的发展
4	接送服务	提供接送服务，包括机场、火车站接送，以及周边景点的接送服务。这可以节省顾客的交通时间，提升旅行体验
5	特色设施体验	根据实际情况，如提供游泳池、健身房、SPA等设施，让顾客在民宿中享受到更多的休闲和娱乐服务
6	定制服务	根据顾客的需求和喜好，提供定制化的服务，如生日派对、求婚仪式等，让顾客在民宿中度过难忘的时光
7	环保理念推广	强调民宿的环保理念，提供环保用品和节能设施，鼓励顾客参与环保活动，如垃圾分类、节能减排等。这不仅可以提升民宿的形象，还可以引导顾客养成环保习惯
8	纪念品销售	销售与当地文化相关的纪念品，如手工艺品、特色食品等，让顾客在离开时能够带走一份美好的回忆

通过以上增值服务，民宿客栈不仅可以提升顾客的满意度和忠诚度，还可以增加额外的收益来源。同时，这些服务也能够让民宿客栈在激烈的市场竞争中脱颖而出，成为顾客心目中首选的住宿地。

5 个性化服务：量身定制，满足需求

通过提供个性化服务，民宿客栈能够创造出独特且难忘的住宿体验，满足顾客的个性化需求，提升顾客的满意度和忠诚度。同时，个性化服务也能够使民宿客栈在竞争激烈的市场中脱颖而出，树立独特的品牌形象。

一般来说，民宿客栈可为顾客提供的个性化服务有表10-3所示的几种。

表10-3 个性化服务

序号	服务项目	具体说明
1	定制化住宿体验	（1）房型与布置：根据顾客的喜好和需求，提供不同风格的房型选择，如浪漫主题房、亲子房、艺术风格房等。同时，房间内的布置和装饰也可以进行个性化调整，以满足顾客的个性化需求 （2）特色床品与用品：提供特色床品和用品，如定制的床单、枕头、毛巾等，让顾客感受到温馨和舒适
2	贴心管家服务	（1）专属管家：为每位顾客分配专属管家，提供一对一的服务，确保顾客的需求得到及时响应和满足 （2）个性化行程规划：根据顾客的兴趣和行程安排，提供个性化的旅游规划建议，推荐适合的景点和活动

序号	服务项目	具体说明
3	特色活动与体验	（1）文化体验：组织当地文化体验活动，如民俗表演、手工艺制作等，让顾客深入了解当地的文化传统 （2）户外活动：提供徒步、骑行、垂钓等户外活动项目，让顾客享受大自然的美好与宁静
4	美食定制服务	（1）特色餐饮：根据顾客的口味和需求，提供特色美食的定制服务，如特色早餐、私人定制晚餐等 （2）食材采购与烹饪：协助顾客采购当地特色食材，并提供烹饪工具和设备，让顾客在民宿中亲手制作美食
5	提供便利设施	提供自助洗衣、烘干，行李寄存等便利服务，满足顾客的日常生活需求
6	情感关怀与细节服务	（1）生日或纪念日惊喜：对于在民宿庆祝生日或纪念日的顾客，提供特别的惊喜和祝福，如定制蛋糕、鲜花等 （2）贴心小礼物：在顾客入住或离店时，赠送特色小礼物或纪念品，让顾客感受到民宿的温暖和关怀

6 智能化服务：智能科技，便捷服务

民宿客栈的智能化服务是近年来旅游住宿行业的一大亮点，它利用先进的信息技术和智能设备，为游客提供更加便捷、舒适和个性化的住宿体验。如表10-4所示的是一些常见的民宿客栈智能化服务。

表10-4　智能化服务

序号	服务项目	具体说明
1	智能门锁系统	通过手机APP或微信小程序，游客可以直接开启房门，无需使用传统的钥匙。这种门锁系统还可以实现一次性密码功能，确保房间的安全性
2	智能照明与温控系统	游客可以通过语音或手机控制灯光的亮度、颜色和房间的温度，根据自己的喜好和需求营造出舒适的氛围
3	智能音箱与电视	通过智能音箱，游客可以随时播放自己喜欢的音乐；智能电视则提供丰富的旅游信息、影片点播等服务，让游客在休息时也能享受愉悦
4	语音助手服务	顾客可以通过语音指令快速获得需要的服务，如查询天气、叫车等，以提高服务的效率和质量
5	在线预订与查询	游客可以通过智能手机应用在线查询民宿的实时预订情况、价格、评价等信息，方便做出决策
6	智能化客房服务	游客可以在线提交各种需求，如更换床单、加热水等，民宿工作人员需及时响应和处理

7 顾客投诉处理：快速响应，解决问题

处理顾客投诉是民宿客栈经营中不可或缺的一环。通过如图10-2所示的处理步骤，可以有效化解顾客投诉，提升顾客满意度和忠诚度。

7.1 积极倾听与理解

当接到顾客投诉时，首先要做的是积极倾听，确保完全理解顾客的投诉内容和诉求。保持冷静和耐心，避免打断顾客或与顾客争

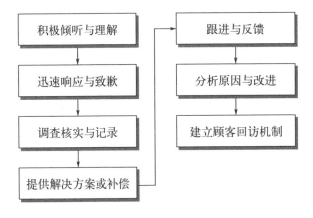

图 10-2　处理顾客投诉的步骤

论，需充分展现出对顾客的尊重和关心。

7.2　迅速响应与致歉

在了解投诉情况后，应立即向顾客表示歉意，并表达对顾客反馈的重视。通过迅速响应，可以体现民宿对问题的关注，并为顾客提供及时的解决方案。

7.3　调查核实与记录

对顾客的投诉进行深入调查，核实事实真相。同时，详细记录投诉的内容、时间、涉及人员等信息，以便后续分析和改进。

7.4　提供解决方案或补偿

根据投诉的具体情况，为顾客提供合理的解决方案或补偿措施，可能包括退款、更换房间、提供额外的服务等。确保解决方案能够满足顾客的合理需求，并体现民宿的诚意和责任感。

7.5　跟进与反馈

在解决顾客投诉后，应主动跟进，了解顾客对解决方案的满意度。如果顾客仍有不满或需要进一步协调，应及时处理并反馈。同时，将投诉处理结果记录在案，作为改进服务的依据。

7.6　分析原因与改进

对顾客的投诉进行深入分析，找出问题的根源。通过反思和整改，提升民宿的服务质量和顾客满意度。同时，将顾客投诉处理经验分享给团队成员，提升整个团队的问题处理能力和服务意识。

7.7　建立顾客回访机制

在处理顾客投诉后，建立顾客回访机制，定期与顾客保持联系，了解他们的入住体验和满意度。这样不仅可以增强顾客与民宿之间的信任和互动，还能为民宿积累宝贵的改进建议。

⊘ 相关链接

民宿顾客回访机制建立方法

民宿客栈建立顾客回访机制是提升顾客满意度、维护顾客关系以及促进业务增长的重要策略。以下是帮助民宿客栈建立有效的顾客回访机制的一些建议。

1.制订回访计划

根据顾客购买产品或享受服务的时间节点，制订详细的回访计划。明确回访的对象、时间和方式，确保回访工作有序进行。

2.准备回访资料

在进行回访之前，对顾客的基本信息、购买记录、投诉记录等进行充分准备。这样，回访人员可以更好地了解顾客的情况，为回访提供有针对性的建议和服务。

3.选择合适的回访方式

回访方式可以多样化，如电话、邮件、短信或社交媒体等。根据顾客的喜好和沟通习惯，选择合适的回访方式。同时，避免在顾客不方便的时间进行回访，以确保回访的效率和效果。

4.倾听顾客需求与反馈

在回访过程中，积极倾听顾客的需求和反馈，了解顾客对民宿服务的满意度。对于顾客提出的问题和建议，给予及时的回应、提出解决方案。

5.记录回访结果

对每一次回访的结果进行详细记录，包括顾客的反馈、需求、建议等。这些记录可以为后续的服务改进和顾客关系维护提供重要依据。

6.分析回访数据

定期对回访数据进行整理和分析，发现顾客需求的趋势和变化，以及服务中存在的问题和不足。根据分析结果，制定改进措施，提升服务质量和顾客满意度。

7.制定改进措施并落实

根据回访结果和顾客反馈，制定具体的改进措施。这些措施可能涉及服务流程的优化、产品质量的提升、顾客关怀的加强等方面。同时，要确保改进措施得到有效落实，并持续跟踪改进效果。

8.培训回访人员

对回访人员进行专业培训，提升他们的沟通技巧、服务意识和解决问题的能力。确保回访人员能够专业、热情地为顾客提供服务，增强顾客对民宿的信任和好感。

9.持续改进和优化

顾客回访机制不是一成不变的，应根据实际情况和市场变化进行持续改进和优化。通过不断完善回访机制，提升顾客满意度和忠诚度，实现民宿客栈的长期稳定发展。

总之，建立有效的顾客回访机制对于民宿客栈来说至关重要。通过制订计划、准备资料、选择合适的回访方式、倾听顾客需求、记录和分析数据、制定改进措施并落实以及持续改进和优化等步骤，可以建立起一个高效、实用的顾客回访机制，为民宿客栈的稳健发展奠定坚实基础。

8 沟通渠道建立：畅通沟通，共建和谐

通过建立多元化的沟通渠道，民宿客栈可以更好地与顾客保持联系，及时了解顾客的需求和反馈，为顾客提供更加优质、个性化

的服务。同时，这些沟通渠道也有助于提升民宿的品牌形象和市场竞争力。常见的沟通渠道有表10-5所示的几种。

表10-5　常见的沟通渠道

序号	沟通渠道	具体说明
1	官方网站与社交媒体平台	（1）建立官方网站：确保网站设计简洁明了，内容更新及时，包括民宿介绍、房型展示、价格信息、预订方式等。同时，设置在线客服功能，方便顾客随时咨询 （2）利用社交媒体：在主流社交媒体平台上创建账号，如微信、微博、抖音等，定期发布民宿动态、活动信息、旅游攻略等，与粉丝互动，增加品牌曝光度
2	即时通信工具	（1）使用即时通信软件：如微信、QQ等，为顾客提供一对一的咨询服务，解答预订、入住、退房等相关问题 （2）建立客服热线：设置专门的客服热线电话，确保24小时有人接听，为顾客提供电话咨询和投诉处理服务
3	邮件与短信服务	（1）提供邮件服务：为顾客提供电子邮件联系方式，用于预订确认、发票发送、满意度调查等事务的沟通 （2）利用短信推送：发送入住提醒、退房确认、优惠活动等信息，提醒顾客关注民宿动态，保持与顾客的紧密联系
4	线下沟通方式	（1）设立前台接待：确保前台工作人员热情周到，为顾客提供面对面的咨询服务，解答顾客的疑问和需求 （2）提供留言板或意见箱：在民宿内设置留言板或意见箱，方便顾客提出意见和建议，促进民宿服务的持续改进

××山庄位于风景秀丽的翠湖之畔，以其独特的建筑风格、宁静的环境和贴心的服务吸引了众多游客。然而，随着市场竞争的加剧和游客需求的多样化，××山庄管理层意识到，要想在激烈的市场竞争中脱颖而出，就必须在顾客服务与管理方面做出创新和提升。

1.顾客需求深度挖掘

××山庄首先进行了一次全面的顾客需求调查。通过问卷调查、在线评论分析和顾客访谈等方式，山庄收集了大量关于顾客体验、服务需求、房间设施等方面的反馈。分析结果显示，顾客对个性化服务和定制化体验的需求日益增强，尤其是对于家庭出游和情侣度假等不同类型的顾客群体。

2.个性化服务创新

基于顾客需求分析的结果，××山庄开始着手进行个性化服务的创新。

（1）房型与定制化布置：××山庄推出了多种特色房型，如亲子房、浪漫情侣房、艺术主题房等。每种房型都根据目标顾客群体的特点进行精心设计和布置，如亲子房设有儿童游乐区和亲子阅读角，浪漫情侣房则采用温馨浪漫的色调和装饰。

（2）特色活动与体验：××山庄结合当地文化资源和自然环境，组织了一系列特色活动，如手绘陶瓷体验、湖畔瑜伽课程、夜间观星活动等。顾客可以根据自己的兴趣选择和参与，感受不同于传统住宿的独特体验。

（3）智能科技应用：××山庄引入了智能门锁、智能照明和温控系统等先进设备，为顾客提供更加便捷和舒适的住宿环境。顾客可以通过手机APP或微信小程序实现一键开门、灯光调节、温度控制等，有效提升了住宿的智能化水平。

3.顾客关系管理优化

在顾客服务创新的同时，××山庄也注重顾客关系管理的优化。

（1）建立多渠道沟通机制：××山庄除了提供传统的电话和邮件沟通方式外，还通过社交媒体、在线客服等方式与顾客保持实时互动。顾客可以随时提出问题和反馈意见，山庄也能迅速响应并解决问题。

（2）定期回访与关怀：××山庄建立了顾客回访制度，定期对离店顾客进行电话回访或邮件调查，了解顾客的入住体验和满意度。对于重要顾客或长期顾客，山庄还会赠送特色礼品或提供专属优惠，表达关怀和感谢。

（3）数据分析与改进：××山庄通过收集和分析顾客数据，深入了解顾客的需求和偏好，为服务改进提供决策依据。同时，××山庄还定期召开服务质量分析会，总结服务中的优点和不足，制定改进措施并快速推动实施。

案例点评：

经过一系列的顾客服务与管理创新，××山庄取得了显著的成效。顾客满意度大幅提升，顾客回头率和口碑传播效果也明显改善。同时，山庄的入住率和经营收入也实现了稳步增长，市场竞争力得到了有效提升。

××山庄的顾客服务与管理案例表明，通过深入挖掘顾客需求、创新个性化服务、优化顾客关系管理等方式，可以有效提升民宿客栈的服务质量和顾客满意度，进而实现业务的持续增长和市场的稳定扩张。

第11章

品牌建设
与推广

关键词:
明确定位
塑造形象
全面推广

品牌建设与推广对于民宿客栈的重要性体现在提升市场竞争力、增强顾客信任与忠诚度、促进业务增长与可持续发展、塑造良好的企业形象以及增强员工凝聚力和向心力等多个方面。因此,民宿客栈应高度重视品牌建设与推广工作,不断提升品牌价值和影响力。

【要点解读】▶▶▶▶ -

1 品牌定位:明确方向,树立形象

明确品牌定位是品牌建设与推广的首要步骤。品牌定位不仅仅是简单的市场定位或产品描述,它更是一种策略性的决策,有助于民宿客栈在竞争激烈的市场中脱颖而出,形成独特的品牌形象和认知,吸引目标客群。通过以下步骤的实施,可以逐步建立起具有独特魅力和影响力的民宿客栈品牌。

1.1　深入了解目标市场

首先，民宿客栈需要对目标市场进行深入的研究和分析。了解目标客群的需求、喜好、消费习惯以及市场趋势等信息，有助于确定民宿客栈在市场中的定位。

例如，目标客群可能是追求独特体验的年轻人、寻求安静放松的中年人或是喜欢家庭出游的客户群体。

1.2　提炼品牌核心价值

在了解目标市场的基础上，提炼出民宿客栈的品牌核心价值。这些价值可以是民宿客栈的地理位置优势、独特的装修风格、个性化的服务体验、丰富的文化内涵等。这些核心价值将成为品牌吸引目标客群的关键因素。而民宿客栈提炼品牌核心价值是一个系统性的过程，它涉及对品牌内在特质、市场定位、目标顾客需求以及竞争环境的深入理解和分析，具体如表11-1所示。

表11-1　提炼品牌核心价值的措施

序号	提炼措施	具体说明
1	明确品牌定位与目标市场	民宿客栈需要清晰地定义自己的品牌定位和目标顾客群体。通过市场调研和数据分析，了解目标顾客的需求、偏好和消费行为，确保品牌定位与目标市场的高度契合
2	挖掘品牌内在特质与独特优势	深入剖析民宿客栈的内在特质和独特优势，包括建筑风格、地理位置、服务特色、文化底蕴等方面。这些特质和优势是构成品牌核心价值的基础，也是区别于竞争对手的关键

序号	提炼措施	具体说明
3	提炼品牌核心价值的关键词	基于品牌内在特质和独特优势，提炼出能够代表品牌核心价值的关键词。这些关键词应该简洁明了，能够准确地传达品牌的核心价值和特色，如"舒适""自然""人文""亲子"等
4	构建品牌核心价值体系	将提炼出的关键词进一步拓展和深化，构建完整的品牌核心价值体系。这个体系应该包括品牌的理念、使命、愿景等方面，形成一个有机的整体，全面地诠释品牌的核心价值
5	强化品牌核心价值的传播与推广	通过各种渠道和方式，强化品牌核心价值的传播与推广。利用社交媒体、旅游网站、线下活动等多种平台，向目标顾客传递品牌的核心价值和特色。同时，注重与顾客的互动和反馈，不断优化和提升品牌核心价值
6	定期评估与调整	品牌核心价值并非一成不变，随着市场环境和顾客需求的变化，民宿客栈需要定期评估和调整品牌核心价值。通过收集顾客反馈、分析市场趋势等方式，了解品牌核心价值的实际效果和市场需求的变化，及时进行调整和优化

1.3 明确品牌形象与风格

品牌形象与风格是品牌定位的重要组成部分。根据目标客群的需求和喜好，确定民宿客栈的装修风格、色彩搭配、家具选择等，营造出符合品牌定位的氛围和风格。同时，注重细节处理，提升品牌的整体质感。

1.4　设定价格策略

价格策略也是品牌定位的重要体现。根据民宿客栈的品质、服务水平以及目标市场的消费能力，设定合理的价格区间。价格过高可能让目标客群望而却步，价格过低则可能影响品牌形象。因此，找到价格与品质的平衡点至关重要。

1.5　强化品牌特色与差异化

在市场中，民宿客栈之间的竞争激烈，因此强化品牌特色与差异化是提升竞争力的关键。可以通过提供独特的服务项目、打造特色文化体验、举办主题活动等方式，形成品牌特色，吸引更多顾客。

1.6　注重品牌传播与口碑建设

品牌定位明确后，还需要通过有效的品牌传播和口碑建设来推广品牌。可以利用社交媒体、旅游平台等渠道进行线上推广，同时注重线下体验和服务质量的提升，让顾客感受到品牌的独特魅力。

2　品牌形象设计：视觉识别，独具特色

设计民宿客栈的品牌形象与标识（LOGO）是一项至关重要的任务，它不仅是客栈外观和内部装潢的直观体现，更是传达民宿客栈理念、文化和价值观的重要媒介。通过精心设计和实施，可以打造出具有独特魅力和影响力的品牌形象与标识，为民宿客栈的发展提供有力支持。具体措施如图11-1所示。

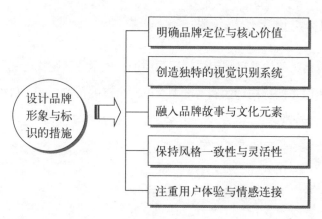

图 11-1　设计品牌形象与标识的措施

2.1　明确品牌定位与核心价值

在设计品牌形象与标识之前，首先要明确民宿客栈的品牌定位与核心价值。这包括确定目标客群、服务特色、装修风格以及希望传达给顾客的情感和体验等。通过深入了解品牌的核心价值，可以为设计提供明确的方向和指导。

2.2　创造独特的视觉识别系统

视觉识别系统是品牌形象的重要组成部分，包括民宿客栈的标识、字体、颜色、图案等元素。这些元素应该具有独特性和可识别性，目的是能够与竞争对手区别开来。通过精心设计的视觉识别系统，可以传达出民宿客栈的品牌理念和特色，增强顾客对品牌的认知和记忆。

民宿客栈在创造视觉识别系统时，要注意标识的简洁性和易识别性，确保顾客能够轻松记住并与品牌产生关联。

2.3 融入品牌故事与文化元素

民宿客栈的品牌形象与标识应能够体现品牌的故事和文化元素。可以通过在标识中融入当地的自然景观、建筑风格、传统手工艺等元素，来传达客栈的地域特色和文化底蕴。这有助于增强品牌的独特性和吸引力，让顾客在入住过程中感受到浓厚的文化氛围。

2.4 保持风格一致性与灵活性

在设计品牌形象与标识时，要保持整体风格的一致性。这包括在客栈的各个方面，如宣传册、网站、社交媒体等都使用统一的视觉元素和风格。同时，也要保持一定的灵活性，以便在不同的媒介和场合下能够灵活应用，适应不同的展示需求。

2.5 注重用户体验与情感连接

品牌形象与标识的设计应注重用户体验和情感连接。通过运用温馨、舒适的色彩和图案，营造出一个轻松、愉悦的住宿环境。同时，标识的设计也要能够引起顾客的共鸣和情感认同，让他们感受到品牌的温度。

民宿视觉识别系统设计要点

民宿客栈创造视觉识别系统是一个关键的品牌建设步骤，有助于在市场中形成独特的品牌形象，并提升品牌的辨识度和记忆度，具体步骤和策略如下。

1. 明确品牌理念与定位

在开始设计视觉识别系统之前，首先要明确民宿客栈的品牌理念和定位，包括理解目标顾客群体、品牌的核心价值以及希望传达给顾客的情感或体验。

2. 设计标识

（1）简洁明了：标识应简洁、易识别，避免过于复杂的图案或过多的文字。

（2）独特性：确保标识的独特性，避免与其他品牌混淆。

（3）与品牌理念相符：标识应能够体现民宿客栈的品牌理念和特色，如自然、舒适等。

3. 确定视觉元素

（1）颜色：选择与品牌理念相符的颜色，如自然色调、温暖色调等。保持颜色的统一性和协调性，以增强品牌辨识度。

（2）字体：选择易于阅读、与品牌风格相符的字体。避免使用过于花哨或难以辨认的字体。

（3）图像与图案：利用与民宿客栈特色相关的图像和图案，如当地风景、文化元素等，增强品牌的独特性和文化内涵。

4.应用视觉元素

（1）宣传材料：将视觉元素应用于宣传册、海报、名片等宣传材料，确保品牌形象的一致性。

（2）网站与社交媒体：在民宿客栈的官方网站、社交媒体平台等线上渠道使用统一的视觉元素，提升品牌在线上平台的辨识度。

（3）内部环境：将视觉元素融入民宿客栈的内部环境，如房间装饰、公共区域等，营造与品牌理念相符的氛围。

5.维护视觉识别系统的统一性与连贯性

在创造视觉识别系统的过程中，要确保所有视觉元素在不同场合和媒介上的统一性和连贯性。这有助于形成强烈的品牌印象，提高顾客对品牌的认知度和好感度。

综上所述，创造民宿客栈的视觉识别系统需要从品牌理念、标识设计、视觉元素选择和应用等方面入手，确保视觉识别系统的独特性、一致性和连贯性。通过精心设计的视觉识别系统，可以有效地提升民宿客栈的品牌形象和市场竞争力。

3 品牌形象维护：持续维护，巩固形象

民宿客栈的品牌维护需要从多个方面入手，通过综合运用如表

11-2所示的措施，可以有效维护品牌形象和市场地位，实现可持续发展。

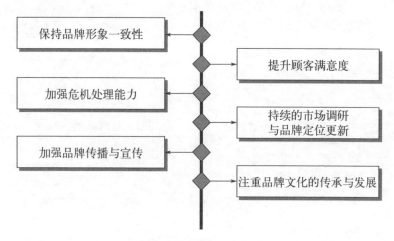

图11-2　品牌形象维护的措施

3.1　保持品牌形象一致性

品牌形象的一致性对于品牌维护至关重要，应确保民宿客栈的标识、字体、色彩等视觉识别元素在各种传播渠道和媒介中保持一致。同时，在服务风格、宣传口径等方面也应保持统一，使顾客能够在不同接触点都感受到品牌的独特魅力。

3.2　提升顾客满意度

顾客满意度是品牌维护的重要指标。通过提供优质的住宿体验、个性化的服务以及及时解决顾客问题等方式，不断提升顾客满意度。此外，积极收集顾客反馈，针对问题进行改进，也是提升顾客满意度的重要途径。

3.3　加强危机处理能力

在品牌维护过程中，难免会遇到各种危机事件，如顾客投诉、突发事件等。对于这些事件，民宿客栈需要迅速响应，采取有效措施进行处理，避免对品牌形象造成负面影响。同时，建立危机预警机制，提前预见并预防潜在危机，也是品牌维护的重要环节。

3.4　持续的市场调研与品牌定位更新

市场环境和顾客需求是不断变化的，因此民宿客栈需要持续进行市场调研，了解市场趋势和顾客需求变化。根据调研结果，适时调整品牌定位和服务内容，确保品牌始终与市场和顾客保持紧密的联系。

3.5　加强品牌传播与宣传

通过有效的品牌传播和宣传，提高品牌的知名度和影响力。利用社交媒体、网络平台等渠道进行品牌推广，与粉丝互动，增强品牌与顾客的联系。同时，举办特色活动、参与行业展会等方式也有助于提升品牌形象和知名度。

3.6　注重品牌文化的传承与发展

品牌文化是品牌的灵魂，是品牌与顾客建立情感联系的重要纽带。因此，民宿客栈需要注重品牌文化的传承与发展，通过员工培训、内部活动等方式，使员工深入理解并传播品牌文化。同时，将品牌文化融入产品和服务中，使顾客在入住期间能够深刻感受到品牌的独特魅力。

4 品牌推广：多渠道推广，扩大影响力

品牌形象推广需要综合运用线上线下策略，民宿客栈可从表11-2所示的多个方面入手，全面提升品牌形象和市场竞争力。通过有效的推广策略，民宿客栈可以吸引更多目标顾客，实现可持续发展。

表11-2　品牌形象推广策略

序号	推广策略	具体说明
1	线上渠道推广	（1）与大型在线预订平台合作：如携程、途家、去哪儿等，将民宿信息上架到这些平台，增加曝光度和预订转化率 （2）运用社交媒体：在抖音、微信、小红书等平台发布特色内容，吸引潜在顾客，并积极回复顾客留言，提升用户黏性 （3）搜索引擎优化（SEO）：通过优化网站内容和结构，提高在搜索引擎中的排名，吸引更多潜在顾客
2	线下活动与体验	（1）举办特色活动：如小型音乐会、海鲜烧烤晚会等，增强顾客的参与度和满意度 （2）提供个性化服务：如设立顾客互动区域，提供桌游、棋牌等娱乐设施，满足顾客的多样化需求
3	合作与联盟	（1）与旅行社、景区合作：为旅客提供优惠组合套餐，实现资源共享和互利共赢 （2）与旅游行业相关合作伙伴联合推广：如旅游图书馆、旅游杂志等，扩大品牌的影响力
4	口碑营销	（1）鼓励顾客评价：在各大旅游网站发表评论和反馈，提高民宿的好评率 （2）提供优质顾客服务：满足顾客需求，增强顾客对民宿的信任感和忠诚度，促进口碑传播

序号	推广策略	具体说明
5	广告投放	互联网广告：通过关键词推广等互联网广告平台进行广告投放，吸引更多潜在顾客
6	会员计划与优惠活动	（1）推出会员计划：为常客提供积分、折扣等优惠，增加顾客黏性 （2）定期举办优惠活动：如节假日特惠、限时折扣等，吸引新顾客并留住老顾客

 案例分享

1.品牌背景与定位

××客栈位于风景秀丽的山区，周边环境清幽，山水相依。创始人李先生深谙旅游行业经营之道，他希望能打造一个结合自然美景与人文关怀的民宿品牌。因此，××客栈定位为中高端民宿，主要面向追求品质生活和深度体验的都市白领和家庭游客。

2.品牌建设与形象塑造

（1）视觉识别系统：××客栈的标识设计简约而不失雅致，以山水为主题，融入传统元素，体现出民宿的自然与人文特色。同时，民宿的整体装修风格也与之相呼应，采用原木、竹编等自然材质，营造出一种回归自然的感觉。

（2）住宿体验：××客栈注重提供高品质的住宿体验。房间内设施完备，且均采用环保材料；服务方面，民宿提供管家式服务，顾客有任何需求都能得到及时响应。此外，民宿还设有公共休闲区、书吧等，为顾客提供丰富的休闲方式。

（3）品牌故事与文化：××客栈深入挖掘当地文化，将民间故事、传统工艺等元素融入品牌中。同时，创始人李先生的个人经历和对民宿的热爱也成为品牌故事的一部分，增强了品牌的情感价值。

3.品牌推广策略

（1）社交媒体营销：××客栈在微博、微信、抖音等社交平台开设官方账号，定期发布民宿的美景、活动、顾客评价等内容，吸引粉丝关注和互动。同时，民宿还与旅游博主、达人合作，邀请他们前来体验并分享给粉丝。

（2）合作与联盟：××客栈与周边景点、旅游公司建立合作关系，共同推出旅游套餐，实现资源共享和互利共赢。此外，民宿还加入当地的民宿协会，参与行业交流和活动，提升品牌在行业内的知名度。

（3）线下活动与体验：××客栈定期举办主题活动，如茶艺表演、手工艺品制作等，邀请顾客参与并体验。这些活动不仅增强了顾客对品牌的认知度和好感度，还为民宿带来了稳定的客源。

（4）口碑营销：××客栈重视顾客口碑的积累和传播。民宿鼓励顾客在各大旅游网站和社交媒体上发表评价和反馈，对于好评给予一定的奖励；对于差评则及时回应并改进。这种积极的口碑管理方式使得××客栈在顾客中树立了良好的形象。

4.效果评估与持续优化

经过一系列的品牌建设与推广措施，××客栈的知名度和影响力得到了显著提升。民宿的入住率持续上升，顾客满意度也保持在较高水平。同时，××客栈还通过收集顾客反馈和市场数据，不断优化服务和产品，以适应市场的变化和顾客的需求。

案例点评：

××客栈通过明确的品牌定位、独特的视觉识别系统、高品质的住宿体验、深入的品牌故事与文化挖掘以及多元化的推广策略，成功打造了一个具有影响力和竞争力的民宿品牌。这一案例为其他民宿客栈的品牌建设与推广提供了有益的借鉴和启示。

第12章

风险识别与防范

关键词：
科学识别
有效防范
持续改进

民宿客栈的风险多种多样，涵盖了从市场到经营、从法律到财务的各个方面，需要经营者从多个方面进行综合防范。通过加强风险管理、提高服务质量、优化成本控制等措施，可以确保民宿客栈的稳健运营和持续发展。

【要点解读】▶▶▶

1 市场风险防范：洞察市场，稳健前行

民宿客栈的市场风险主要源自市场的复杂性和不确定性，这些风险可能影响民宿客栈的经营状况和盈利能力。经营者需要保持敏锐的市场洞察力，灵活应对市场变化，以确保民宿客栈的稳健运营和持续发展。

1.1 市场风险的表现

民宿客栈市场风险的表现多种多样，这些风险直接关系到客栈

的入住率、收益和长期发展，具体如表12-1所示。

表12-1　市场风险的表现

序号	风险表现	具体说明
1	需求波动	民宿市场的需求常受到季节、节假日、天气等多种因素的影响，呈现出明显的波动性。例如，在旅游旺季或节假日期间，民宿需求可能大幅增加，而在淡季或恶劣天气时，需求则可能大幅下降。这种需求波动可能导致民宿客栈的入住率不稳定，从而影响收益
2	竞争压力	随着民宿行业的快速发展，市场上涌现出越来越多的竞争者。这些竞争者可能以更低的价格、更优质的服务或更独特的设施吸引顾客，从而给民宿客栈带来压力。如果民宿客栈不能在市场中脱颖而出，就可能面临顾客流失和收益下降的风险
3	价格风险	民宿价格受到多种因素的影响，包括市场供需关系、成本、竞争状况等。如果定价过高，可能导致顾客流失；如果定价过低，虽然可能吸引更多顾客，但也可能导致收益不足以覆盖成本
4	市场变化	旅游市场的变化也可能对民宿客栈产生影响。例如，新的旅游目的地或旅游线路的兴起可能改变游客的出行选择，从而影响民宿客栈的入住率。此外，政策调整、经济环境等因素也可能对民宿市场产生直接或间接的影响

1.2　市场风险的防范

民宿客栈的市场风险防控是一个综合性和系统性的工作，涉及市场调研、产品定位、营销策略、顾客关系管理等多个方面，具体如表12-2所示。

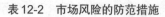

表12-2　市场风险的防范措施

序号	防范措施	具体说明
1	深入市场调研	（1）定期分析市场趋势：通过收集和分析行业报告、旅游数据等，了解市场需求、竞争态势以及消费者行为的变化，为经营决策提供数据支持 （2）关注政策动向：政策变化往往会对民宿行业产生较大影响，因此经营者需要密切关注相关政策，及时调整经营策略
2	精准产品定位	（1）明确目标顾客群：根据市场调研结果，确定目标顾客群的需求和偏好，为产品设计和服务提供方向 （2）打造独特卖点：结合当地文化、自然风光等资源，打造具有特色的民宿产品，以吸引和留住顾客
3	制定灵活营销策略	（1）多元化营销渠道：利用线上平台（如携程、去哪儿等）、社交媒体、口碑营销等多种渠道进行推广，提高民宿客栈的知名度和曝光率 （2）灵活定价策略：根据市场需求、竞争状况以及成本等因素，制定合理的价格策略，确保收益最大化
4	加强顾客关系管理	（1）提供优质服务：通过提供个性化、人性化的服务，提升顾客满意度和忠诚度，降低顾客流失率 （2）建立顾客数据库：收集顾客信息，建立顾客数据库，进行顾客细分和精准营销，提高营销效果
5	合作与联盟	（1）与旅游机构合作：与旅行社、导游等旅游机构建立合作关系，共同推广民宿产品，扩大市场份额 （2）加入行业协会：加入当地的民宿行业协会或旅游协会，与其他同行共享资源、交流经验，共同应对市场风险
6	建立风险预警机制	（1）定期评估风险：对潜在的市场风险进行定期评估，制定相应的应对措施 （2）及时调整策略：在面临市场风险时，及时调整经营策略，降低风险对业务的影响

通过以上措施的实施，民宿客栈可以更好地应对市场风险，提高经营稳定性和盈利能力。同时，经营者也需要保持敏锐的市场洞察力和创新精神，不断适应市场变化，实现可持续发展。

🔗 相关链接 ··

民宿客栈市场风险预警机制构建策略

在民宿客栈中建立市场风险预警机制，可以帮助客栈有效识别和应对潜在的市场风险，确保业务的稳定运营和可持续发展，其关键步骤和策略如下。

1.明确风险预警目标和范围

首先，需要清晰地定义市场风险预警的目标，包括识别潜在的市场风险、评估风险的影响程度、制定应对策略以及监控风险的变化等。同时，要明确预警机制所覆盖的市场风险类型，如价格风险、竞争风险、需求风险等。

2.设立专门的风险管理团队

组建一支专业的风险管理团队，负责市场风险预警机制的建立、运行和维护。团队成员应具备丰富的市场经验和风险管理知识，能够准确识别和分析市场风险。

3.收集和分析市场信息

通过市场调研、顾客反馈、竞争对手分析等多种渠道，收集相关的市场信息。对这些信息进行深入分析，了解市场的动态变化、需求趋势和竞争态势，为风险预警提供数据支持。

4.建立风险识别和评估体系

基于收集到的市场信息，建立风险识别和评估体系。通过设定风险指标和阈值，对潜在的市场风险进行定量和定性评估。同时，要定期对评估结果进行审查和调整，确保预警机制的准确性和有效性。

5.制定风险应对策略

针对识别出的市场风险，制定相应的应对策略。这些策略可以包括调整定价策略、优化产品组合、拓展市场渠道、加强与合作伙伴的合作等。要确保策略的有效性和可操作性，以便在风险发生时能够迅速响应。

6.建立风险监控和报告机制

实施定期的市场风险监控，密切关注风险指标的变化。当风险指标达到或超过预设阈值时，及时触发预警机制。同时，要建立风险报告制度，定期向上级管理层或相关部门报告市场风险预警情况，以便管理层能够及时了解并采取相应的应对措施。

7.加强风险意识和培训

在民宿客栈内部加强风险意识的培养，使全体员工都对市场风险有一定的认识。同时，定期开展风险管理培训，提高员工的风险识别、评估和应对能力。

8.利用技术手段提升预警效率

借助现代化的技术手段，如大数据分析、人工智能等，提升市场风险预警的效率和准确性。例如，可以利用大数据技术对海量市场信息进行实时分析和挖掘，发现潜在的市场风险；利用人工智能技术对风险指标进行智能预测和预警，提高预警的及时性和准确性。

通过以上步骤和策略的实施，民宿客栈可以建立起一套有效的市场风险预警机制，为业务的稳定运营和可持续发展提供有力保障。

2 管理风险防范：精细管理，规避风险

民宿客栈的管理风险主要涵盖多个方面，这些风险不仅影响客栈的日常运营，还可能对游客的体验和民宿客栈的声誉造成负面影响。

2.1 管理风险的表现

民宿客栈的管理风险表现多种多样，涵盖了从内部运营到外部合作的多个方面，具体如表12-3所示。

表12-3 管理风险的表现

序号	风险表现	具体说明
1	服务质量下降	如果民宿客栈的管理不够精细或员工培训不足，可能导致服务质量下降，影响顾客体验。例如，客房清洁不彻底、设施损坏未及时维修等，都可能给顾客留下不好的印象
2	员工管理问题	员工是民宿客栈运营的重要一环，如果员工管理不当，可能导致员工流失率高、工作态度消极等问题。这不仅影响客栈的正常运营，还可能损害客栈的声誉

序号	风险表现	具体说明
3	合作伙伴管理风险	民宿客栈在运营过程中可能需要与多个合作伙伴进行合作，如清洁公司、旅行社等。如果合作伙伴选择不当或管理不善，可能导致服务质量下降、合作纠纷等问题

2.2　管理风险的防范

为了防范民宿客栈的管理风险，经营者可以采取如表12-4所示的措施。

表12-4　管理风险的防范措施

序号	防范措施	具体说明
1	建立健全管理制度	制定明确的管理规章和操作流程，确保员工清楚自己的职责和工作标准。这样有助于提高工作效率，减少操作失误，从而提升顾客体验
2	加强员工培训和管理	定期对员工进行专业技能和服务态度的培训，提升员工的专业素质和服务水平。同时，建立有效的激励机制和考核机制，激发员工的工作积极性和责任心
3	谨慎选择合作伙伴	在与清洁公司、旅行社等合作伙伴进行合作时，要进行充分的调查和评估，确保合作伙伴的信誉和专业水平。同时，明确双方的权利和义务，签订规范的合同，防范合作纠纷

通过采取以上策略，民宿客栈经营者可以有效地防范管理风险，提升客栈的运营效率和顾客满意度，为客栈的长期发展奠定坚实的基础。

3 法律风险防范：合规守法，稳健经营

民宿客栈的法律风险主要源于在经营过程中可能违反相关法律法规，导致受到法律制裁或承担法律责任。

3.1 法律风险的表现

民宿客栈的法律风险表现主要涵盖多个方面，具体如表12-5所示。

表 12-5　法律风险的表现

序号	风险表现	具体说明
1	经营许可问题	民宿经营主体如个人、公司或房产中介在经营过程中，若未获得合法经营许可或相关证照不全，一旦与顾客发生纠纷或受到相关部门检查，将难以维护自身合法权益，且可能面临行政处罚
2	相邻权问题	有些民宿开设在居民区内，顾客流动性大，不同顾客的生活习惯可能给周边居民带来干扰，侵犯周边居民的相邻权，如噪声扰民、破坏公共设施等，从而引发法律纠纷
3	消费者权益保护问题	民宿平台或经营者在提供民宿租住服务时，若知道或应当知道租住房屋不符合人身保障的基本要求，或有其他侵害消费者权益的行为，而未采取必要措施，将需对消费者承担连带责任
4	合同纠纷问题	民宿经营者在与房东、合作伙伴或顾客签订合同时，若合同条款不明确或双方履约不当，可能引发合同纠纷，影响经营稳定性

3.2 法律风险的防范

民宿客栈要避免法律风险，需要综合考虑多个方面，确保合法合规经营，具体如表12-6所示。

表12-6 法律风险的防范措施

序号	防范措施	具体说明
1	取得合法经营许可	在开始经营之前，确保已经取得所有必要的经营许可证和执照，包括但不限于民宿经营许可证、消防安全许可证等。须遵循当地政府的规定，确保民宿的合法性和合规性
2	完善租赁合同	与房东签订详细的租赁合同，明确双方的权利和义务，包括房屋使用、维护、修缮等方面的规定。同时，要确保合同中明确规定了违约责任和纠纷解决办法，以便在出现问题时能够有依据地解决
3	保护消费者权益	民宿经营者应提供真实、准确的房源信息，确保民宿的卫生、安全等基本条件符合标准。同时，要尊重消费者的隐私权，不得随意泄露顾客的个人信息。在发生纠纷时，应积极与消费者协商解决，避免法律诉讼
4	规范价格行为	民宿的价格应该合理、透明，不得存在价格欺诈行为。要遵守当地的价格管理规定，不得随意涨价或降价，以免引发价格纠纷或造成法律风险
5	加强员工管理	对民宿员工进行严格的筛选和培训，确保员工应具备良好的职业素养和服务意识。建立员工行为规范和奖惩制度，约束员工行为，避免员工违法违规给民宿带来法律风险
6	定期进行法律咨询	聘请专业的法律顾问或律师，为民宿的经营提供法律支持和指导。定期进行法律咨询和风险评估，及时发现和解决潜在的法律问题

生意经

民宿客栈的法律风险是客观存在的，但通过加强法律意识和培训、建立完善的管理制度等措施，可以有效降低这些风险对经营的影响。民宿客栈经营者应时刻关注法律法规的变化，确保合规经营。

4 财务风险防范：稳健财务，确保安全

民宿客栈的财务风险是指在经营过程中可能遇到的与财务相关的各种问题和挑战，这些问题可能会对客栈的盈利能力和长期发展产生负面影响。

4.1 财务风险的表现

民宿客栈的财务风险表现主要涵盖如表12-7所示的几个方面。

表12-7　财务风险的表现

序号	风险表现	具体说明
1	资金缺口	通常发生在民宿客栈的初创阶段或扩张时期，由于需要大量的资金投入用于购置设施、装修、采购物品等，以及支付税费和员工工资等费用，如果资金筹措不当或管理不善，就可能导致资金短缺的风险
2	不良账款	主要涉及民宿客栈与顾客之间的账款结算问题。如果顾客拖欠款项或者出现坏账，而客栈又没有有效的催收机制，就会对客栈的现金流产生负面影响，甚至可能导致资金链断裂

序号	风险表现	具体说明
3	成本控制不当	民宿客栈在日常运营中需要控制各种成本，如人工成本、物料成本、营销成本等。如果成本控制不当，则会导致利润下降，甚至可能出现亏损
4	财务欺诈	可能涉及内部员工或外部合作伙伴的欺诈行为，如挪用公款、虚报费用等。这种行为不仅会直接损害客栈的经济利益，还可能对客栈的声誉和长期发展造成严重影响
5	流动资金不足	流动资金是民宿客栈运营的生命线，用于支付日常运营费用、应对突发事件等。如果流动资金不足，就会影响到客栈的正常运营和持续发展

4.2　财务风险的防范

为了有效防控民宿客栈的财务风险，经营者可以采取如表12-8所示的措施。

表12-8　财务风险的防范措施

序号	防范措施	具体说明
1	建立合理的财务制度和规范	制定详细的财务管理制度，包括财务审批流程、资金运作规则、成本控制标准等，确保财务活动的合规性和透明性。同时，规范财务人员的行为，防止财务欺诈和内部腐败的发生
2	加强资金管理和预算控制	建立有效的资金管理体系，确保资金的合理使用和及时回笼。制订详细的预算计划，对各项支出进行严格控制，避免浪费和不必要的支出。同时，优化资金结构，降低资金成本，提高资金使用效率

序号	防范措施	具体说明
3	完善成本控制机制	对民宿客栈的各项成本进行深入分析，找出成本控制的关键点，制定相应的成本控制措施。通过优化采购渠道、提高员工效率、降低物料消耗等方式，降低运营成本，提高盈利能力
4	建立风险预警机制	密切关注市场动态和竞争状况，定期分析财务风险因素，及时发现和解决潜在风险。同时，建立风险应对预案，对可能出现的财务风险进行预测和防范
5	加强内部审计和监督	设立内部审计机构或委托第三方审计机构，定期对民宿客栈的财务活动进行审计和监督，确保财务活动的合规性和准确性。同时，加强员工对财务制度的培训和教育，提高员工的财务风险意识
6	合理利用外部资源	积极与金融机构、税务机构等外部单位建立良好关系，争取更多的政策支持和金融资源。通过合理利用外部资源，降低财务风险，提高民宿客栈的竞争力

5 安全风险防范：安全至上，防患未然

民宿客栈的安全风险识别与防范是一个持续的过程，需要经营者和管理层保持高度的警觉性和责任感，确保游客的安全和满意。通过加强风险识别、采取有效的防范措施以及提高员工的安全意识，可以最大限度地降低安全风险的发生概率和影响程度。

5.1 安全风险的表现

民宿客栈的安全风险表现主要包括如表12-9所示的几个方面。

表 12-9　安全风险的表现

序号	风险表现	具体说明
1	设施安全风险	民宿客栈的设施，如电器、家具、门窗等，如果存在老化、损坏或设计缺陷，可能给游客带来伤害风险
2	消防安全风险	客栈的消防设施是否齐全、有效，逃生通道是否畅通，消防安全意识是否普及，都是重要的安全风险点
3	食品安全风险	如果客栈提供餐饮服务，食品的来源、加工过程以及保存条件都可能影响游客的食品安全
4	人身安全风险	游客在客栈内或周边活动时，可能面临盗窃、抢劫等犯罪行为的威胁

5.2　安全风险的防范

民宿客栈的安全风险防范需要从多个方面入手，以确保旅客和员工的生命财产安全。如表 12-10 所示是一些具体的防范措施。

表 12-10　安全风险的防范措施

序号	防范措施	具体说明
1	定期检查和维护设施	定期对客栈的设施进行检查，及时维修或更换损坏的部件，确保设施的安全性和完好性
2	加强消防安全管理	安装必要的消防设施，如灭火器、烟雾报警器等，并定期进行检查和维护。同时，制定消防应急预案，定期组织员工进行消防演练，提高员工的消防安全意识
3	严格把控食品安全	对食品来源进行严格筛选，确保食材的新鲜和安全；加强食品加工过程的卫生管理，防止食品污染；合理保存食品，避免食品变质
4	加强安保措施	在客栈关键区域安装监控摄像头，加大安保人员的巡逻力度，确保游客的人身安全。同时，提醒游客注意个人财物的安全，不要将贵重物品随意放置

案例分享

1.背景介绍

××客栈位于风景秀丽的乡村，以其独特的乡村风情和温馨的服务赢得了众多游客的喜爱。然而，随着业务规模的扩大和市场竞争的加剧，××客栈面临着越来越多的风险挑战。为了确保客栈的稳定运营和游客的满意体验，××客栈的管理层开始重视风险识别与防范工作。

2.风险识别

××客栈的管理层通过实地考察、员工访谈和游客反馈等方式，识别出了以下主要风险点。

（1）设施老化风险：部分客房的家具、电器等设施出现老化现象，影响了游客的住宿体验。

（2）服务质量风险：部分员工的服务态度不够热情，响应速度较慢，导致游客投诉增多。

（3）安全风险：客栈的消防设施和监控系统存在隐患，需要进行更新和维护。

3.风险防范措施

针对识别出的风险，××客栈采取了以下防范措施。

（1）设施更新与维护：投入资金对老化的设施进行更新和维修，更换了舒适的床铺、现代化的电器设备等，提升了客房的整体品质。

（2）员工培训与激励：加强员工的服务意识培训，制定激励措施，鼓励员工提供热情、周到的服务。同时，建立有效的投诉处理机制，及时回应并解决游客的投诉。

（3）安全设施升级：对消防设施和监控系统进行全面检查和升

级，确保设备的正常运行和有效监控。同时，制定安全管理制度和应急预案，提高员工的安全意识和应对能力。

4.实施效果

通过实施以上风险识别与防范措施，××客栈取得了显著的成效。

（1）游客满意度大幅提升：更新后的设施和优质的服务赢得了游客的广泛好评，客栈的口碑和声誉得到了进一步提升。

（2）投诉率明显降低：通过加强员工培训和建立投诉处理机制，游客的投诉得到了及时有效的解决，投诉率大幅降低。

（3）安全事故零发生：升级后的安全设施和严格的安全管理制度确保了客栈的安全运营，未发生任何安全事故。

案例点评：

××客栈通过深入的风险识别与防范工作，成功降低了各类风险的发生概率和影响程度，为客栈的稳定运营和游客的满意体验提供了有力保障。这一案例表明，民宿客栈在经营过程中应重视风险识别与防范工作，不断提升风险管理水平，以确保业务的持续健康发展。

第13章

持续发展与扩张

关键词:
把握趋势
综合考量
优化创新

民宿行业近几年迅速崛起,成了旅游行业中的新生力量。民宿客栈要把握市场趋势,通过不断优化和创新,提高顾客体验和服务质量,以增强竞争优势,确保民宿客栈的长期和可持续发展。

【要点解读】▶▶▶ -

1 提升服务质量:精益求精,赢得口碑

民宿客栈属于第三产业中的服务业,服务的好坏直接影响到顾客入住体验。服务是一种无形商品输出,民宿客栈时时刻刻都在向顾客输出服务产品。服务可以成为民宿客栈的卖点,做好服务永不过时。在竞争激烈的旅游市场中,优质的服务能够成为吸引顾客的重要因素,帮助民宿客栈建立起良好的口碑,并实现业务的持续增长。

民宿客栈可从图13-1所示的几个方面来提升服务质量。

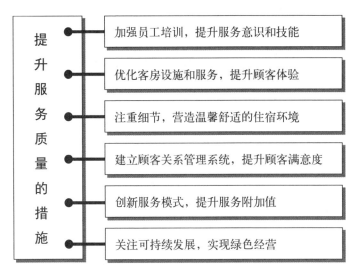

图13-1 提升服务质量的措施

1.1 加强员工培训，提升服务意识和技能

员工是民宿客栈服务质量的直接体现者，因此，加强员工培训至关重要。培训内容包括但不限于客房清洁、顾客沟通技巧、应急处理等方面，旨在提升员工的服务意识和专业技能。同时，鼓励员工积极参与培训，通过学习和实践不断提升自己的服务水平。

1.2 优化客房设施和服务，提升顾客体验

客房是顾客在民宿客栈中停留时间最长的地方，因此，优化客房设施和服务对于提升顾客体验至关重要。这包括确保客房设施的完好和舒适，提供高品质的床上用品和洗漱用品，以及提供个性化的服务，如定制早餐、叫醒服务等。

1.3 注重细节，营造温馨舒适的住宿环境

细节决定成败，民宿客栈在提升服务质量时，应注重细节的处理。例如，在客房内摆放一些绿植或艺术品，营造温馨舒适的氛围；在公共区域提供免费的茶饮或小点心，让顾客感受到家一般的温暖。

1.4 建立顾客关系管理系统，提升顾客满意度

通过建立顾客关系管理系统，民宿客栈可以更好地了解顾客的需求和喜好，从而提供更加精准的服务。同时，定期与顾客保持联系，收集顾客的反馈和建议，及时改进服务中的不足，提升顾客满意度。

1.5 创新服务模式，提升服务附加值

在提供基础服务的同时，民宿客栈可以创新服务模式，增加服务的附加值。例如，与当地景区或特色餐饮合作，为顾客提供旅游路线推荐或特色餐饮体验；或者组织一些文化体验活动，让顾客更深入地了解当地的文化和风俗。

1.6 关注可持续发展，实现绿色经营

民宿客栈在追求经济效益的同时，也应关注可持续发展。通过采用环保材料、节能减排、垃圾分类等措施，实现绿色经营。这样不仅有助于保护环境，还能提升民宿客栈的形象和口碑，吸引更多关注环保的顾客。

② 拓展业务领域：多元发展，增强实力

民宿客栈可以考虑开发新的业务板块，如提供餐饮、娱乐、文化体验等服务，以增加附加值和利润点。这样不仅可以吸引更多顾客，还能提高顾客满意度和忠诚度，从而提升民宿客栈的竞争力和吸引力，实现长期的稳定发展，具体如表13-1所示。

表13-1　可以拓展的业务领域

序号	拓展领域	具体说明
1	特色餐饮与饮品业务	（1）提供当地特色美食和饮品，结合民宿主题，打造独特的餐饮体验 （2）举办特色美食节或烹饪课程，吸引食客和烹饪爱好者
2	休闲娱乐与康体活动	（1）根据实际情况增设健身房、瑜伽室或游泳池等设施，满足顾客的健康需求 （2）提供KTV、桌游室、棋牌室等休闲娱乐设施，增加顾客的娱乐活动选择
3	文化体验与手工艺活动	（1）结合当地文化特色，开展文化讲座、民俗体验、手工艺制作等活动 （2）设立手工艺品展示区，销售当地特色手工艺品，为顾客提供纪念品选择
4	旅游规划与咨询服务	（1）提供旅游规划服务，为顾客提供定制化旅游线路和行程安排 （2）设立旅游咨询台，提供景点介绍、交通指南等旅游咨询服务
5	商务会议与团建活动	（1）提供会议室、投影仪等，承接小型商务会议或团建活动 （2）设计特色团建项目，如户外拓展训练、团队烹饪比赛等，吸引企业团队预订

序号	拓展领域	具体说明
6	农产品与特产销售	（1）与当地农户合作，引入农产品和特产，设立销售区 （2）提供农产品采摘体验，让顾客亲身体验农耕文化和农产品采摘的乐趣
7	跨界合作与创新服务	（1）与其他行业进行跨界合作，如与书店、咖啡馆等合作，共同打造文化休闲空间 （2）创新服务模式，如推出主题房型、特色服务等，吸引更多顾客体验。

生意经

在拓展相关业务时，民宿客栈需要充分考虑市场需求、竞争环境以及自身资源和能力。同时，要保持与品牌核心价值的一致性，确保拓展业务与民宿客栈的整体形象和定位相符。

3 履行社会责任：回馈社会，树立形象

民宿客栈的社会责任是一个多维度、综合性的概念，涵盖了员工、社区、顾客、环境以及文化等多个方面。只有全面履行这些社会责任，民宿客栈才能实现可持续发展，为社会做出更大的贡献，具体如图13-2所示。

3.1 积极推动绿色发展和环保实践

在设计和建设过程中，应优先考虑使用环保材料和可再生能源，减少对环境的影响。在日常运营中，通过节能、节水、减少废物排

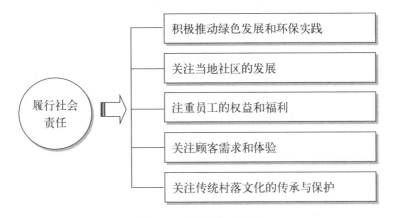

图13-2　履行社会责任

放等措施，减少客栈的碳排放。此外，客栈还可以组织或参与环保活动，如清理周边环境、推广垃圾分类等，提升游客和社区成员的环保意识。

3.2　关注当地社区的发展

民宿客栈应积极融入当地社区，与社区建立紧密的合作关系。通过雇佣当地员工、采购本地食材和特色产品，支持社区经济的发展。此外，民宿客栈还可以积极参与社区公益活动，如支持当地教育、文化传承、环境保护等事业，为社区的发展作出贡献。

3.3　注重员工的权益和福利

民宿客栈应尊重员工权益，提供良好的工作环境和福利待遇。通过建立员工培训体系，提升员工的专业技能和服务意识；建立员工健康保障体系，关注员工的身心健康；建立员工奖励机制，激励员工提供更优质的服务。这样，民宿客栈不仅能够保障员工的权益，

还能提高员工的满意度和忠诚度，从而提升整体的服务质量。

3.4　关注顾客需求和体验

通过持续改进产品和服务，提升顾客满意度和忠诚度。建立有效的顾客反馈机制，及时回应顾客建议和投诉，不断优化服务流程和管理制度。同时，民宿客栈还可以提供个性化服务，满足顾客的多样化需求，提升自身价值。

3.5　关注传统村落文化的传承与保护

通过挖掘和展示传统村落的文化特色，民宿客栈可以为传统村落的保护和发展作出贡献。同时，客栈可以组织文化交流活动，促进游客与社区居民之间的互动和了解，推动文化的传承和创新。

🔗 **相关链接** ....

民宿客栈环保实践指南

民宿客栈在追求可持续发展的过程中，可以采取以下具体的环保措施。

1.节能措施

（1）使用高效能灯泡，如LED灯泡，替换传统白炽灯泡，以减少房间用电量。

（2）安装感应器，包括照明和电器设备感应器，当顾客离开房间时，自动关闭电灯和电器设备，避免能源浪费。

（3）提供电源插座开关，使顾客能够方便地在离开房间时关闭电器设备的电源，进一步减少待机能耗。

2.水资源管理

（1）安装节水器具，如节水洗手盆、淋浴头和节水马桶等，减少水资源浪费。

（2）鼓励顾客二次使用床单、浴巾等，避免频繁更换以节省资源。

（3）定期检查和维护供水系统，包括水龙头、管道和水箱等，确保其正常运行，及时发现并修复漏水问题。

3.绿色建筑材料和装饰

（1）使用环保建筑材料，如纤维强化石膏板、陶瓷、玻璃、管材、复合地板、地毯、涂料和壁纸等，这些材料在制造和使用过程中对环境影响较小。

（2）选择绿色墙体材料、墙饰和管材，它们不仅具有装饰作用，还具有隔热、隔音、吸声等环保功能。

4.废弃物的处理和回收

（1）设立回收系统，对塑料瓶、啤酒瓶、饮料盒等大量使用的垃圾进行回收，实现循环利用。

（2）减少使用不必要的纸张和塑料餐具，提供陶瓷碗和杯子等可重复使用的餐具（须严格消毒），减少废弃物的产生。

（3）在房间内放置环保袋，供顾客收集使用过的纸巾、塑料袋等垃圾，方便分类处理和回收。

5.环境教育和宣传

（1）通过客房内的宣传册、视频或电子屏幕等方式，向顾客普及环保知识和客栈的环保措施，提高顾客的环保意识。

（2）组织环保主题活动，邀请顾客参与环保行动，如植树、清洁周边环境等，共同为保护环境贡献力量。

6.与当地环保组织合作

与当地的环保组织或机构建立合作关系，共同升展环保项目或活动，互相学习交流环保经验，提升客栈的环保水平。

通过以上具体的环保措施，民宿客栈不仅能够减少对环境的负面影响，还能提升顾客的环保意识和满意度，实现可持续发展和社会责任的双赢。

4 直营连锁扩张：深耕市场，稳固发展

民宿客栈的直营连锁扩张是一种通过复制和标准化经营模式，以直营方式在不同地点开设分店，从而快速扩大品牌影响力和市场份额的扩张策略。这种扩张方式的核心在于保持品牌和服务的一致性，同时借助规模效应降低成本，提高整体运营效率。

4.1 直营连锁扩张的模式

在直营连锁扩张中，民宿客栈需要确保每家分店都能提供相似

的服务和体验，包括统一的服务标准、装修风格和管理流程。为了实现这一目标，总部需要对分店进行全面的管理和控制，包括商号、定位、配送、销售、价格、财务、人力资源等方面。分店店长由总部直接任命，分店之间的经营活动需在总部的管理制度框架内进行协调。

4.2　直营连锁扩张的优点

直营连锁扩张的优点在于能够确保分店的管理水平一致性与规范性，整体竞争力强。同时，由于资源统一调配，可以实现较高的规模经济性，降低成本。此外，直营连锁还可以较好地兼顾短期利益与长期利益，全面落实公司的发展战略。

4.3　直营连锁扩张的劣势

直营连锁扩张也存在一些挑战和风险。首先，由于需要大量资金投入，因此运行成本较高，风险较大。其次，管理跨度拓宽可能加大管理难度，门店可能缺乏灵活性和积极性。此外，随着规模的扩大，如何保持服务质量和品牌形象的一致性也是一个需要关注的问题。

4.4　直营连锁扩张的注意事项

在进行直营连锁扩张时，民宿客栈需要谨慎评估自身实力和市场环境，制定合适的扩张计划，并注意如表13-2所示的关键事项，以确保扩张的顺利进行和长期成功。

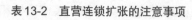

表13-2　直营连锁扩张的注意事项

序号	注意事项	具体说明
1	品牌定位与市场研究	民宿客栈需要明确自己的品牌定位，并深入进行市场研究。了解目标市场的需求和竞争态势，以及消费者的喜好和行为模式，有助于制定合理的扩张策略
2	选址策略	选址是直营连锁扩张中的关键步骤。分店的位置应考虑到人流量、交通便利性、周边设施以及目标顾客群体等因素。合理的选址能够提升分店的曝光度和吸引力，从而增加客流量和收入
3	资金管理与融资	扩张直营连锁需要大量的资金投入，包括店面租金、装修费用、员工薪酬、运营成本等。因此，民宿客栈需要制订合理的资金管理计划，确保资金流的稳定。同时，可以考虑通过外部融资，如银行贷款、风险投资等方式，来支持扩张计划
4	标准化管理与培训	直营连锁的核心在于保持品牌和服务的一致性。因此，民宿客栈需要建立标准化的管理体系和操作流程，并对分店员工进行统一培训。这样有助于确保分店的服务质量符合品牌要求
5	供应链与库存管理	随着分店数量的增加，民宿客栈需要建立高效的供应链和库存管理系统。这包括与供应商建立稳定的合作关系，确保物料供应的及时性和质量；同时，通过合理的库存管理，降低库存成本，提高运营效率
6	风险管理与合规	在扩张过程中，民宿客栈需要关注各种潜在风险，如市场风险、竞争风险、法律风险等。同时，要确保遵守相关法律法规，如劳动法、消费者权益保护法等，以避免法律风险

序号	注意事项	具体说明
7	市场营销与品牌建设	在扩张过程中，民宿客栈需要加大市场营销力度，提升品牌知名度和美誉度。可以通过线上线下相结合的方式，进行广告宣传、促销活动等，吸引更多潜在顾客

5 加盟连锁扩张：携手合作，共谋发展

民宿客栈的加盟连锁扩张是一种快速且有效的品牌拓展方式，它能够帮助民宿客栈实现更广泛的市场覆盖，提升品牌影响力，并带来稳定的收益增长。以下是关于民宿客栈加盟连锁扩张的一些重要方面和注意事项。

5.1 加盟连锁扩张的优势

加盟连锁扩张具有图13-3所示的优势。

品牌效应	资源共享	风险降低
加盟连锁可以利用已有的品牌知名度和美誉度，快速吸引消费者，降低市场推广成本	加盟商可以共享总部的管理经验、运营模式、市场推广等资源，减少试错成本，提高经营效率	通过加盟模式，总部会为加盟商提供一定的风险控制和保障机制，降低创业风险

图13-3　加盟连锁扩张的优势

5.2　加盟连锁扩张的注意事项

加盟连锁扩张的注意事项如表13-3所示。

表13-3　加盟连锁扩张的注意事项

序号	注意事项	具体说明
1	选择合适的加盟商	总部需要制定明确的加盟标准，筛选出具有经营能力、信誉良好、与品牌理念相符的加盟商
2	加盟政策制定	制定详细的加盟政策，包括加盟条件、加盟费用、支持政策等。确保政策的公平性和合理性，吸引更多优质加盟商加入
3	统一管理与培训	为确保品牌形象和服务质量的一致性，总部需要对加盟商进行全面的培训，并提供持续的管理支持和监督
4	利益分配与激励机制	制定合理的利益分配方案，激发加盟商的积极性和忠诚度；同时，建立激励机制，鼓励加盟商创新和发展

5.3　实现协同发展的关键策略

品牌与加盟商协同发展的关键策略如表13-4所示。

表13-4　实现协同发展的关键策略

序号	关键策略	具体说明
1	建立有效的沟通机制	品牌与加盟商之间应建立有效的沟通机制，定期交流经营情况、市场信息和经验教训。这有助于增进彼此的了解和信任，促进协同发展的实现
2	制定统一的战略规划	品牌应制定统一的战略规划，明确发展方向和目标。各加盟店应根据战略规划调整经营策略，形成合力推动品牌的发展

序号	关键策略	具体说明
3	加强培训与支持	品牌应加强对加盟商的培训和支持，提高其经营能力和管理水平。通过培训和支持，可以确保各加盟店能够按照品牌的标准和要求进行经营，实现协同发展
4	资源共享与协同	与加盟商建立紧密的合作关系，实现资源共享和协同发展。通过共同采购、联合营销等方式，降低成本，提高市场竞争力
5	创新与发展	不断关注行业动态和消费者需求变化，积极创新产品和服务，以满足市场的不断变化。同时，探索新的市场机会和扩张路径，实现品牌的持续发展

 案例分享

1.初期创立与定位

××客栈位于风景秀丽的山区，创始人王先生凭借对旅游业的深刻理解和对民宿行业的热情，决定打造一家以自然、舒适、文化体验为核心的民宿客栈。在创立初期，××客栈以独特的建筑风格、优质的服务和温馨的住宿环境吸引了首批顾客，逐渐在当地旅游市场中崭露头角。

2.服务优化与品牌塑造

随着业务的稳定发展，××客栈开始注重服务优化和品牌塑造。一方面，他们不断提升员工的服务意识和专业能力，确保每位顾客都能享受到贴心、周到的服务；另一方面，通过举办特色活动、推广当地文化等方式，逐渐形成了独特的品牌形象和风格。同时，他们还利用社交媒体、网络平台等渠道进行品牌推广，提高品牌知名度和影响力。

3.业务拓展与多元化发展

为了实现持续发展与扩张，××客栈开始积极拓展业务。他们结合当地特色，推出了特色餐饮、休闲娱乐、文化体验等多种服务，满足了不同顾客的需求。同时，他们还与其他产业进行合作，如与农场合作提供农产品采摘体验、与手工艺作坊合作推出手工艺品制作和销售等，进一步丰富了服务内容。此外，××客栈还开展跨界合作，与书店、咖啡馆等合作打造文化休闲空间，吸引了更多顾客前来体验。

4.区域扩张与连锁经营

在本地市场取得成功后，××客栈开始考虑区域扩张。他们通过精心选址、复制成功经验的方式，在周边地区开设了多家分店。同时，为了确保连锁经营的统一性和标准化，××客栈建立了完善的管理体系和培训体系，确保每家分店都能提供一致的高品质服务。随着连锁经营的推进，××客栈的品牌影响力和市场份额得到进一步扩大。

5.技术创新与智能化升级

为了适应市场的变化以及满足顾客的需求，××客栈还积极引入技术创新和智能化升级。他们利用智能化管理系统提高运营效率和服务质量，通过数据分析了解顾客的需求和偏好，为产品开发和服务优化提供数据支持。此外，他们还推出了在线预订、智能客房控制等便捷服务，以提升顾客的住宿体验。

6.社会责任与可持续发展

在持续发展与扩张的过程中，××客栈始终关注社会责任和可持续发展。他们积极参与当地的环保活动，推广环保理念；同时，他们还关注当地社区的发展，为当地居民提供就业机会和培训支持。通过这些举措，××客栈不仅赢得了顾客的信任和支持，还为当地的可持续发展做出了积极贡献。

案例点评：

××客栈通过服务优化、品牌塑造、业务拓展、区域扩张、技术创新和社会责任等多方面的努力，实现了持续发展与扩张。他们不仅提供了高品质的住宿体验，还为顾客带来了丰富的文化体验和愉悦的休闲时光。